Pichler

Ermittlung der Zinsstruktur

Ihnen, sehr geehrter Herr Professor,
mit freundlichen Grüßen überreicht.

Stefan Pichler

GABLER EDITION WISSENSCHAFT

Stefan Pichler

Ermittlung der Zinsstruktur

Evaluierung alternativer Verfahren für den österreichischen Rentenmarkt

Mit einem Geleitwort
von Prof. Dr. Helmut Uhlir

DeutscherUniversitätsVerlag

Die Deutsche Bibliothek – CIP-Einheitsaufnahme

Pichler, Stefan:
Ermittlung der Zinsstruktur : Evaluierung alternativer Verfahren für den österreichischen Rentenmarkt / Stefan Pichler. Mit einem Geleitw. von Helmut Uhlir. -
Wiesbaden : Dt. Univ.-Verl. ; Wiesbaden : Gabler, 1995
(Gabler Edition Wissenschaft)
Zugl.: Graz, Univ., Diss., 1994
ISBN 3-8244-6115-3

Der Deutsche Universitäts-Verlag und der Gabler Verlag sind Unternehmen der Bertelsmann Fachinformation.

Gabler Verlag, Deutscher Universitäts-Verlag, Wiesbaden

Lektorat: Claudia Splittgerber / Irene Müller-Schwertel

Druck und Buchbinder: Rosch-Buch, Hallstadt
Printed in Germany

ISBN 3-8244-6115-3

Für meine Eltern

Geleitwort

Die formalisierte Darstellung des Zusammenhanges zwischen Laufzeit und Zinssatz bezeichnet man in der Literatur als Fristigkeitsstruktur der Zinssätze, die graphische Darstellung dieser Beziehung als Zins(struktur)kurve. Die Kenntnis der Fristigkeitsstruktur der Zinssätze bzw. der Zinskurve ist vor allem für eine arbitragefreie Bewertung von zinsabhängigen Finanztiteln von Bedeutung. Wenngleich Beurteilungskriterien wie die "Effektivverzinsung" und die "Duration" heute zum akzeptierten Standardinstrumentarium von Wertpapieranalysten und Portefeuillemanagern zählen, kann dem Einsatz dieser Konzepte nur dann vorbehaltlos zugestimmt werden, wenn identische Zinssätze für unterschiedlich lange Laufzeiten vorliegen. Nun zeigt aber die Realität, daß sich am Markt für unterschiedlich lange Laufzeiten in der Regel auch unterschiedliche Zinssätze bilden. Demzufolge kann der Barwert zinsabhängiger Finanztitel nicht mehr durch Abzinsen mit einem einheitlichen Zinssatz, dem sogenannten "Marktzinssatz" erfolgen, sondern die einzelnen Komponenten künftiger Zahlungsströme müssen mit den entsprechenden fristigkeitsbezogenen Zinssätzen (spot rates) diskontiert werden. Wird trotzdem mit einem einheitlichen Marktzinssatz diskontiert, resultieren daraus nicht arbitragefreie Barwerte.

Zinssätze für längerfristige Haltedauern sind nicht direkt beobachtbar, sondern müssen aus den auf den Rentenmärkten beobachteten Preisen und den Zahlungsstromstrukturen der zinsabhängigen Titel abgeleitet werden. Zur Ermittlung von Zinsstrukturkurven wurde mittlerweile eine große Zahl von Schätzverfahren entwickelt, die einerseits unterschiedliche Ansprüche an den Dateninput haben, andererseits aber auch unterschiedliche Schätzgenauigkeit aufweisen. Vor allem die divergierende Stabilität einzelner Verfahren bei Auftreten bestimmter Datenkonstellationen und deren Änderung im Zeitablauf werfen erhebliche Probleme auf.

Gegenstand der von Pichler vorgelegten Dissertation ist es, die wichtigsten der bislang propagierten Schätzverfahren systematisch zu erfassen, zu analysieren und sie anschließend bezüglich ihrer Verwendungsfähigkeit am österreichischen Rentenmarkt zu evaluieren. In den Vergleich werden insgesamt 12 (mit Varianten 19) Verfahren aufgenommen, wobei als Beurteilungskriterien die Verläßlichkeit des Preissystems, die Arbitragefreiheit, die praktische Anwendbarkeit und das Verhalten von Referenzzinssätzen im Zeitablauf herangezogen werden.

Ein wesentlicher Anreiz für die Themenwahl liegt zweifellos in den Besonderheiten umsatzschwacher Märkte, wobei sich der österreichische Rentenmarkt als Paradebeispiel anbietet. Obwohl große Bestandsvolumina existieren, ist der Festbesitz so hoch, daß zur effektiven Kursbildung kaum Material auf den Markt kommt. Darüber hinaus ist man mit einer sehr uneinheitlichen Tilgungsstruktur konfrontiert. Demzufolge stehen zur Schätzung von Zinskurven im Verhältnis zur großen Anzahl von Zahlungszeitpunkten nur extrem wenige Preise zur Verfügung.

Der empirische Befund hat - stark vereinfacht - folgendes eindeutige und interessante Resultat erbracht: Die sogenannten Praktikerverfahren sind den theoretisch weit besser fundierten, aber in der Durchführung oft sehr komplizierten Verfahren durchaus ebenbürtig. Dieses Resultat mag die Theoretiker zunächst nicht sehr befriedigen, kommt aber nicht ganz überraschend, wenn man die extreme Datenlage berücksichtigt.

Die Attraktivität vorliegender Arbeit beruht allerdings nur zum Teil auf den interessanten empirischen Befunden. Aufgrund der breit angelegten und theoretisch hervorragend fundierten Analyse der wichtigsten Verfahren zur Schätzung von Zinsstrukturkurven sowie dem vorbildlich konzipierten Untersuchungsdesign stellt diese Publikation vor allem für jene, die empirische Kapitalmarktforschung betreiben, eine bedeutende Informationsquelle dar. Es ist zu hoffen, daß sie für die weitere Forschungstätigkeit auf diesem Gebiet die entsprechenden Impulse auszulösen vermag.

Helmut Uhlir

Vorwort

Der vorliegenden Arbeit liegt meine im Jänner 1994 an der Sozial- und Wirtschaftswissenschaftlichen Fakultät der Karl-Franzens-Universität Graz im Rahmen meiner Tätigkeit als Assistent am Institut für Bankbetriebslehre und Kapitalmarktforschung verfaßte Dissertation zugrunde. Besonders bedanken möchte ich mich in diesem Zusammenhang bei meinem Erstgutachter Prof. Helmut Uhlir, bei meinem Zweitgutachter Prof. Peter Swoboda sowie bei meinen Kollegen Mag. Hildegard Pippan und Mag. Wolfgang Aussenegg für ihre ausdauernde Bereitschaft zur kritischen Diskussion. Für die Überlassung der Datenbestände vom österreichischen Rentenmarkt bin ich Herrn Mag. Franz Köstl von der Österreichischen Kontrollbank AG zu großem Dank verpflichtet. Ein herzliches Dankeschön auch an Frau Elisabeth Grohser für die vielfältige Hilfe bei der Herstellung des Manuskripts.

Mein größter Dank gilt meiner Frau Petra für den äußerst wertvollen Rückhalt, die Unterstützung und die Motivation bei der Entstehung dieser Arbeit.

Stefan Pichler

Inhaltsverzeichnis

1. Vorbemerkungen

Sowohl für die Bewertung zinsabhängiger Finanztitel als auch für viele Entscheidungen im Rahmen des Portefeuillemanagements ist die Betrachtung eines einzigen, für das gesamte Laufzeitspektrum gültigen "Marktzinssatzes" unzureichend. Zum einen zeigt die empirische Evidenz, daß für unterschiedliche Anlagefristen am Kapitalmarkt unterschiedliche Zinssätze gezahlt werden, wobei dies in der Regel nicht nur für Marktsegmente mit direkt beobachtbaren Zinssätzen (Geldmarkt) sondern auch für die beobachtbaren Renditen auf Märkten für Kuponanleihen gilt. Zum anderen gibt es zahlreiche theoretische Überlegungen, die die Existenz unterschiedlicher Zinssätze für unterschiedliche Laufzeiten anhand verschiedener Einflußfaktoren begründen können. Von besonderer Bedeutung erscheinen in diesem Zusammenhang die Zinserwartungen der Investoren, die Liquiditätspräferenzen der Investoren und institutionelle bzw. gesetzliche Rahmenbedingungen.

Die formalisierte Darstellung der Beziehung zwischen Laufzeit und Zinssatz wird als *Fristigkeitsstruktur der Zinssätze* und die graphische Darstellung dieser Beziehung als *Zinskurve* bezeichnet. Die Kenntnis der Fristigkeitsstruktur der Zinssätze ermöglicht die arbitragefreie Bewertung von sicheren Zahlungsströmen (und damit von unkündbaren Kuponanleihen höchster Bonität) und bei zusätzlicher Kenntnis der Volatilität der Zinssätze auch die Bewertung von zinsreagiblen derivativen Finanzinstrumenten (z.B. Zinsoptionen, Caps, Floors, etc.). Von größter Bedeutung ist die Fristigkeitsstruktur der Zinssätze auch für die Analyse von Zinsspreads zwischen Emittenten bzw. Währungen oder für die Entwicklung von Zinsprognosen.

War vor einigen Jahrzehnten noch eine rein graphische Darstellung der Zinskurve für die meisten Belange in der Praxis ausreichend, so ist heute durch den Einsatz quantitativer Methoden in der Rentenmarktanalyse und im Management von Rentenportefeuilles eine exakte, formalisierte Darstellung der Fristigkeitsstruktur der Zinssätze von sehr großer Bedeutung. Moderne Informationssysteme bieten Zinskurven nicht nur in Form von historischen Daten (z.B. Datastream) sondern auch in Echtzeitverarbeitung (z.B. Bloomberg) an. Es steht also außer Zweifel, daß an die Qualität und Genauigkeit der in der Fristigkeitsstruktur enthaltenen Informationen höchste Ansprüche gestellt werden, wodurch in erster Linie die Wahl eines geeigneten Ermittlungsverfahrens in das Zentrum der Betrachtungen rückt.

Vielfach wird in diesem Zusammenhang die Frage gestellt: *Warum muß die Fristigkeitsstruktur der Zinssätze eigentlich ermittelt bzw. geschätzt werden?* Diese Fragestellung impliziert, daß Zinssätze auf den Märkten jederzeit beobachtbar sind und daher die Ermittlung bzw. Schätzung der Fristigkeitsstruktur obsolet ist. Dem ist entgegenzuhalten, daß im Gegensatz zu Geldmärkten, wo diese Fragestellung auch berechtigt ist, Zinssätze auf Rentenmärkten in aller Regel nicht direkt beobachtbar sind. Es können nur zinsabhängige Wertpapiere, deren Zahlungsstromstruktur und deren Marktpreise beobachtet werden. Die Fristigkeitsstruktur der Zinssätze kann lediglich auf Basis dieser Informationen ermittelt werden, wobei natürlich der sinnvollen Wahl der Ermittlungsmethode größte Bedeutung zukommt.

Ziel dieser Arbeit ist es, eine *Evaluierung verschiedener Verfahren zur Ermittlung der Fristigkeitsstruktur der Zinssätze für den österreichischen Rentenmarkt* empirisch durchzuführen. Es soll eine möglichst große Anzahl von Verfahren anhand von noch zu entwikkelnden Kriterien verglichen werden, wobei vorab einige grundsätzliche Einschränkungen gemacht werden müssen. Zunächst beschränkt sich diese Arbeit analog zu anderen Studien ausschließlich auf die Untersuchung *nominaler Zinssätze*, wodurch aber Erkenntnisse über grundlegende Eigenschaften von Ermittlungsverfahren unbeeinflußt bleiben sollten. Des weiteren werden bei der empirischen Evaluierung lediglich Verfahren berücksichtigt, die nur Informationen an *einem* Beobachtungszeitpunkt verarbeiten. Verfahren, die bei der Ermittlung der Fristigkeitsstruktur auf *historische Informationen* (wie z.B. Preise bzw. Zinssätze aus Vorperioden oder aus Zeitreihen geschätzte Volatilitätsparameter) zurückgreifen, werden nicht in die Untersuchung aufgenommen. Durch diese Einschränkung soll eine bessere Vergleichbarkeit der untersuchten Verfahren gewährleistet werden.

Aus dieser Zielsetzung folgt auch der Aufbau der Arbeit, in der eingangs in Abschnitt 2 allgemeine Definitionen zum Begriff *Fristigkeitsstruktur der Zinssätze* entwickelt werden, wobei vor allem der Unterscheidung zwischen *Zinsstruktur* und *Renditestruktur* große Bedeutung zukommt. In der weiteren Abfolge des zweiten Abschnitts wird der Zusammenhang zwischen Zinsstruktur und Arbitragefreiheit formal hergeleitet und die daraus resultierenden Implikationen für Schätzverfahren diskutiert. Schließlich werden noch die bedeutendsten Anwendungsgebiete der Fristigkeitsstruktur der Zinssätze beschrieben und daraus *Kriterien zur Beurteilung von Schätzverfahren* entwickelt.

Im dritten Abschnitt wird ein Überblick über die Verfahren zur Ermittlung der *term structure* gegeben, der in Anlehnung an die *fünf Grundtypen von Schätzverfahren* gegliedert ist. Es wird die direkte Ermittlung der Zinsstruktur beschrieben, gefolgt von den Verfahren zur Schätzung der diskreten Zinsstruktur, den Verfahren zur Schätzung der stetigen Zinsstruktur, den Verfahren zur Schätzung der Renditestruktur und der Anwendung von Gleichgewichtsmodellen zur Ermittlung der Zinsstruktur. Nach dieser eingehenden Beschreibung der einzelnen Verfahren erfolgt abschließend eine Diskussion von *empirischen Befunden für international bedeutende Rentenmärkte*.

Im vierten Abschnitt wird die durchgeführte *empirische Untersuchung* im Detail beschrieben. Zunächst werden die Spezifika des österreichischen Rentenmarktes und die sich daraus ergebenden Einsatzmöglichkeiten für Schätzverfahren erläutert. Es folgt dann eine genaue Beschreibung der verwendeten Datenbasis und der tatsächlich evaluierten Verfahren. Abschließend werden die Ergebnisse der Untersuchung nach den in Abschnitt 2 entwickelten Kriterien präsentiert, und es erfolgt eine erste *Interpretation der Ergebnisse*. Der fünfte und letzte Abschnitt faßt die Aufgabenstellung dieser Arbeit und die Schlußfolgerungen aus den empirischen Ergebnissen zusammen. Im Anhang der Arbeit finden sich mathematische Beweise und alle Abbildungen, auf die auch im Text Bezug genommen wird.

2. Die Fristigkeitsstruktur der Zinssätze

Es ist diesem Abschnitt vorauszuschicken, daß sowohl in der deutschsprachigen als auch in der englischsprachigen Literatur zu diesem Thema eine Vielzahl von verschiedenen Begriffen und Definitionen entwickelt und verwendet wurde. Dadurch ist eine nicht immer eindeutige Terminologie entstanden, die es als notwendig erscheinen läßt, für die wesentlichen Begriffe in dieser Arbeit einleitend ausführliche Definitionen zu geben. Im weiteren Ablauf der Arbeit wird versucht, auf die eingangs vorgegebene einheitliche Terminologie zurückzugreifen.

Eine sehr allgemeine Definition für den Begriff *Fristigkeitsstruktur der Zinssätze* bzw. *term structure of interest rates* könnte folgendermaßen lauten:

> Die Fristigkeitsstruktur der Zinssätze ist die Menge aller zu einem bestimmten Zeitpunkt bestehenden Beziehungen zwischen Barwerten von Zahlungen (Zahlungsströmen) und ihren zukünftigen Werten in Abhängigkeit vom Zeitpunkt der Zahlung bzw. den Zeitpunkten der Zahlungen des Zahlungsstromes.

Zunächst schränkt diese Definition den Begriff der Fristigkeitsstruktur auf die Betrachtung von Gegebenheiten zu einem *einzelnen Zeitpunkt* ein. Die dynamische Entwicklung von Zinssätzen bzw. Renditen im Zeitablauf wird demnach nicht unter den Begriff Fristigkeitsstruktur subsumiert. Weiters werden in dieser allgemeinen Definition nicht nur Beziehungen von Barwerten und Endwerten einzelner Zahlungen (in diesem Konnex als *spot rates* bezeichnet) erfaßt, sondern auch die Beziehungen von Barwerten und Endwerten von Zahlungsströmen (d.s. *Renditen*) eingeschlossen. Alle zu einem Zeitpunkt existierenden, damit in der Regel auch beobachtbaren Zinssätze und Renditen lassen sich eindeutig bestimmten Zeitpunkten in der Zukunft – den Zeitpunkten ihrer Fälligkeit – zuordnen. Umgekehrt gilt nach dieser allgemeinen Definition, daß einem Zeitpunkt grundsätzlich mehrere Zinssätze bzw. Renditen zugeordnet sein können.

Folgende Übersicht zeigt drei praktische Beispiele für den Begriff Fristigkeitsstruktur der Zinssätze:

Aushang über Sparbuchzinsen in einer Bank	Geldmarktzinsen für Schilling in Reuters	Renditen von Bundesanleihen
Bindung 1 Monat 3%	Taggeld 7,015/7,020[a]	Anleihe A (1998)[b] 6,73%
Bindung 6 Monate 3,5%	1 Monat 7,010/7,015	Anleihe B (1998) 6,70%
Bindung 1 Jahr 4,25%	3 Monate 6,995/7,005	Anleihe C (2003) 6,51%
Bindung 3 Jahre 4,75%	6 Monate 6,990/7,005	Anleihe D (2003) 6,52%

Tabelle 2.1.: Allgemeine Beispiele für die Fristigkeitsstruktur der Zinssätze.

[a]) Geld/Brief-Spanne [b]) Jahr der Fälligkeit

Je nach Definition des Begriffes "Zinssatz" kann nun die Darstellung der Beziehung des Zinssatzes zur Laufzeit auf verschiedene Art und Weise erfolgen. Grundsätzlich unterscheidet man in diesem Zusammenhang zwei Definitionen für den Begriff "Zinssatz" und damit zwei Darstellungsformen für die Fristigkeitsstruktur der Zinssätze, die im folgenden beschrieben werden.

2.1. Die Zinsstruktur

Die Zinsstruktur ist definiert als Menge aller Beziehungen zwischen (Rest–) Laufzeit und Rendite von *einmaligen Zahlungen* (Zerobonds)[1]. Diese Rendite ist mit den Kassazinssätzen am Geldmarkt vergleichbar und wird in der weiteren Folge dieser Arbeit als *spot rate*[2] bezeichnet. Formal gilt für die annualisierte spot rate r in Abhängigkeit von der Laufzeit t:

$$r_t = \left(\frac{V_t}{V_0} \right)^{\frac{1}{t}} - 1 \qquad \textbf{(1)}$$

V_t	Endwert der Zahlung zum Zeitpunkt t > 0 (in t Jahren)
V_0	Barwert der Zahlung zum Betrachtungszeitpunkt

Entscheidend bei dieser Definition von Rendite ist die Tatsache, daß zwischen dem Betrachtungszeitpunkt und dem Zeitpunkt t *keine* Zahlungen anfallen. Es existieren bei der Bestimmung der Rendite daher auch keine Probleme bei der Zuordnung zwischenzeitlich anfallender Zahlungen. Unter Vorwegnahme der in Abschnitt 2.3. beschriebenen Arbitragefreiheitsbedingungen wird in der hier eingeführten Notation von einer eindeutigen Zuordnung von spot rates zu den Laufzeiten ausgegangen.

Präzise formuliert ist die Zinsstruktur r_t eine Abbildung der nichtnegativen reellen Zahlen auf die Menge der reellen Zahlen[3]. Häufig ist die Zinsstruktur nicht über die gesamten positiven reellen Zahlen definiert, sondern die spot rates existieren nur für eine endliche (oder abzählbar unendliche) Anzahl von Zeitpunkten. In diesem Fall spricht man von einer *diskreten* Zinsstruktur.

---

1 Diese und alle weiteren Definitionen beziehen sich auf das Konzept *nominaler* Zinssätze.

2 Alternativ zum Begriff spot rate wird in der Praxis häufig die Bezeichnung *zerobond yield* verwendet. Die Zinsstruktur wird dann als *zero-curve* bezeichnet.

3 Wird die Existenz von negativen Zinssätzen ausgeschlossen, ist r_t eine Abbildung auf die Menge der nichtnegativen reellen Zahlen.

Der arbitragefreie Preis eines sicheren Zahlungsstroms (z.B. unkündbare Kuponanleihe höchster Bonität) ist bei gegebener Zinsstruktur eindeutig gegeben durch[4]:

$$PV = \sum_{j=1}^{J} Z_j \cdot (1 + r_{t_j})^{-t_j} \tag{2}$$

PV	Arbitragefreier Preis des Zahlungsstroms
J	Anzahl der Zahlungen
Z_j	Nominalbetrag der Zahlung mit dem Index j
t_j	Zeitpunkt der Zahlung Z_j

Eine äquivalente Darstellungsform für die Zinsstruktur erhält man durch Einführung der *Diskontierungsfunktion* d_t, die durch den Barwert *einer* Geldeinheit, deren Zahlung t Zeiteinheiten in der Zukunft liegt, gegeben ist:

$$d_t = \frac{V_0}{V_t} = (1 + r_t)^{-t} \tag{3}$$

d_t	Wert der Diskontierungsfunktion für Zahlungen mit Laufzeit $t > 0$

Die Diskontierungsfunktion ist eine unter der Bedingung positiver Zinssätze auf das Intervall $\langle 0,1]$ beschränkte, monoton fallende Funktion, für die definitionsgemäß gilt[5]:

$$d_0 = \frac{V_0}{V_0} = 1 \tag{4}$$

---

4 Die ausführliche Herleitung dieser Aussage erfolgt in Abschnitt 2.3.

5 vgl. Abschnitt 2.3.1., Definition 3c und Satz 3.

Der arbitragefreie Preis eines sicheren Zahlungsstroms ist unter Verwendung der Diskontierungsfunktion gegeben mit:

$$PV = \sum_{j=1}^{J} Z_j \cdot d_{t_j} \tag{5}$$

Es kann gezeigt werden, daß auf vollständigen Märkten unter der Bedingung der Arbitragefreiheit ein eindeutiges Preissystem existiert, das durch die Zinsstruktur determiniert ist[6].

---

6 Eine nähere Definition des Begriffes "vollständiger Markt" und eine Analyse des Zusammenhanges zwischen Zinsstruktur und Arbitragefreiheit wird in Abschnitt 2.3. gegeben.

2.2. Renditestruktur

Die Renditestruktur ist definiert als Beziehung zwischen (Rest–) Laufzeit und Rendite (Effektivverzinsung, interner Zinssatz, yield to maturity) einer *Kuponanleihe*. Während im Fall der Zinsstruktur auf arbitragefreien Märkten nur eine spot rate für eine Laufzeit existiert, können Anleihen mit derselben Laufzeit durchaus verschiedene Effektivverzinsungen aufweisen. Um eine sinnvolle Betrachtung der Renditestruktur zu ermöglichen, müssen die Renditen der einzelnen Wertpapiere in einer näher zu definierenden Form der Durchschnittsbildung zusammengefaßt werden. Ganz allgemein ist die Renditestruktur die Menge aller Paare (Effektivverzinsung einer Anleihe, Restlaufzeit derselben Anleihe), wobei die Effektivverzinsung eines Zahlungsstroms als Lösung der folgenden Gleichung gegeben ist:

$$p_i = \sum_{j=1}^{J_i} Z_{ij} \cdot (1 + y_i)^{-t_j} \qquad \textbf{(6)}$$

p_i	Preis der Anleihe i (Kurswert plus Stückzinsen)
J_i	Anzahl der Zahlungen der Anleihe i
Z_{ij}	Nominalbetrag der Zahlung j von Anleihe i
y_i	Effektivverzinsung der Anleihe i

Nach entsprechender Durchschnittsbildung erhält man eine eindeutige Zuordnung von Renditen zu jeder Laufzeit y_t, die im weiteren als Renditestruktur bezeichnet wird. Die Renditestruktur kann in der Praxis zur approximativen Bewertung von sicheren Zahlungsströmen in der gleichen Art und Weise wie die Zinsstruktur eingesetzt werden:

$$PV \approx \sum_{j=1}^{J} Z_j \cdot (1 + y_{t_j})^{-t_j} \qquad \textbf{(7)}$$

Auf arbitragefreien Märkten führt dieses Bewertungsmodell im Vergleich zur Zinsstruktur zu inferioren Ergebnissen. Ist aber aus welchen Gründen auch immer Arbitragefreiheit nur eingeschränkt gegeben, ist es letztendlich eine Frage der empirischen Überprüfung, ob nicht eine Bewertung anhand der Renditestruktur ähnlich gute oder sogar bessere Ergebnisse liefert als eine Bewertung anhand der Zinsstruktur. Dieser Fragestellung wird ausführlich in Abschnitt 4 Rechnung getragen, wo im speziellen der Vergleich von Zinsstruktur und Renditestruktur am österreichischen Rentenmarkt von Interesse ist.

2.3. Zinsstruktur und Arbitragefreiheit

In diesem Abschnitt sollen grundlegende Zusammenhänge zwischen Zinsstruktur und einem arbitragefreien Preissystem dargestellt werden. Zunächst wird der Ausgangspunkt der Analyse beschrieben; in einem zweiten Schritt erfolgen einige grundsätzliche Definitionen, die Basis für die Formulierung grundlegender Äquivalenzsätze sind.

2.3.1. Einleitende Definitionen und Zusammenhänge

Gegeben ist ein *perfekter* Anleihemarkt[7] mit I nicht identischen Wertpapieren. Jede Anleihe i (i=1,2,...,I) ist durch einen *sicheren Zahlungsstrom* repräsentiert; das Wort "sicher" bedeutet, daß die Zahlungen der Anleihe zum Betrachtungszeitpunkt in ihrem *Nominalbetrag* und in ihrem *Zeitpunkt* fixiert sind. Wertpapiere, die nicht durch einen sicheren Zahlungsstrom dargestellt werden können, sind nicht Gegenstand der Betrachtungen. Die Zahlungsströme des Gesamtmarktes sind durch die Zahlungsmatrix Z und den Vektor der Zahlungszeitpunkte t eindeutig gegeben.

$$
\begin{gathered}
Z\colon\; Z_{ij} \in \mathbb{R} \qquad i = 1, \dots , I;\; j = 1, \dots , J \\
t\colon\; t_j \in \mathbb{R}^+ \qquad j = 1, \dots , J; \\
t_r < t_s \qquad \forall\, r < s; \qquad r = 1, \dots , J-1;\; s = 2, \dots , J
\end{gathered}
\tag{8}
$$

J Anzahl der disjunkten Zahlungszeitpunkte am Anleihemarkt

Die Elemente des Vektors der Zahlungszeitpunkte t sind aufsteigend geordnet, d.h. das Element t_1 gibt den nächsten Zahlungszeitpunkt und t_J den letzten Zahlungszeitpunkt aller Anleihen am Gesamtmarkt an. Weiters wird davon ausgegangen, daß für jede Anleihe i

---

7 Diese Annahme impliziert insbesondere die Absenz von Steuern und Transaktionskosten sowie die Zulässigkeit von unbeschränkten Leerverkäufen.

ein Marktpreis p_i beobachtet werden kann. Es existiert daher der Vektor der Marktpreise p:

$$p: \quad p_i \in \mathbb{R} \qquad i = 1, \ldots, I \tag{9}$$

Zu beachten ist, daß p den Vektor der tatsächlich zu bezahlenden Marktpreise darstellt, d.h. den beobachtbaren Börsenkursen sind noch eventuell anfallende Stückzinsen zuzurechnen.

Definition 1:

Ein Markt heißt vollständig, wenn Rg(Z) = J gilt.

Ökonomisch interpretiert ist der Rang der Zahlungsmatrix genau dann gleich der Anzahl der Zahlungszeitpunkte J, wenn durch Kombination (geeignete Portefeuillebildung) der existierenden Zahlungsströme für jeden der J Zahlungszeitpunkte ein zu genau diesem Zahlungszeitpunkt fälliger Zerobond mit Zahlung von einer Geldeinheit dupliziert werden kann. Die Preise dieser Zerobonds sind dann per definitionem die Werte der gesuchten Diskontierungsfunktion. Die Bedingung Rg(Z) = J ist auf realen Anleihemärkten nicht ohne weiteres immer erfüllt, denn es müssen folgende Sachverhalte gegeben sein:

(1) Es muß gelten $I \geq J$, d.h. die Anzahl der Wertpapiere muß größer oder gleich der Anzahl der Zahlungszeitpunkte sein.

(2) Zerlegt man die Matrix der Zahlungen Z in K Untermatrizen W_k (k = 1,2,....,K), wobei jede Untermatrix die Zahlungen jener Anleihen beinhaltet, die den gleichen Kupontermin aufweisen, muß für jede Untermatrix W_k gelten: $Rg(W_k) = J_k$ (J_k: Anzahl der Zahlungszeitpunkte = Spalten von W_k). Natürlich muß auch für jede Untermatrix W_k gelten, daß die Anzahl der Anleihen in dieser Zahlungsmatrix I_k größer oder gleich J_k ist.

Bedingung 2 folgt aus der Tatsache, daß Zahlungsströme von Anleihen mit unterschiedlichem Kupontermin auf jeden Fall linear unabhängig (miteinander nicht duplizierbar) sind. Diese Bedingung ist dann relativ einfach zu erfüllen, wenn die Anzahl der Kupontermine in einem Anleihemarkt vergleichsweise gering ist. Sind jedoch die Kupontermine von Anleihen nicht standardisiert, sondern über das ganze Jahr verteilt, ergibt sich gemäß Bedingung 2 unter Umständen eine Mindestzahl von über 3.000 Wertpapieren, um die Erfüllung der Definition zu gewährleisten. Auf Märkten ohne standardisierte Kupontermine ist es also mehr als fraglich, ob Vollständigkeit im Sinne oben angeführter Definition überhaupt gegeben sein kann.

Definition 2:

Ein (Ix1)-Vektor x mit $x \in \mathbf{R}^I$, *der die Zusammensetzung eines Portefeuilles zu einem bestimmten Zeitpunkt angibt, heißt Tradingstrategie.*

Das Element x_i gibt den in Anleihe i zu einem bestimmten Zeitpunkt investierten Nennwert an, wobei ein negatives x_i einen Leerverkauf der entsprechenden Anleihe anzeigt. Der aus der Portefeuillekombination resultierende Zahlungsstrom ist mit Z'x und der Preis des resultierenden Zahlungsstroms ist mit G(x) = p'x gegeben, wobei das Hochkomma die Verwendung der jeweils transponierten Matrix anzeigt.

Definition 3a:

Ein Markt heißt arbitragefrei, wenn gilt:

$$Z' \cdot x \geq 0 \quad \rightarrow \quad G(x) = p' \cdot x \geq 0 \tag{10}$$

Wird eine Tradingstrategie x derart gewählt, daß der resultierende Zahlungsstrom in allen Komponenten nichtnegativ ist, wird dadurch ein nichtnegativer Preis des Zahlungsstroms impliziert. Auf Märkten, die diese Definition nicht erfüllen, könnte man durch Ausnützen der sich ergebenden *free lunch* Situation unlimitierte Arbitragegewinne lukrieren.

Anhand dieser Definitionen kann folgender Satz formuliert werden (Beweis im Anhang):

Satz 1:

Auf vollständigen Märkten sind folgende Aussagen äquivalent:

(a) *Der Markt ist arbitragefrei im Sinne von Definiton 3a.*

(b) *Es existiert eine eindeutige, nichtnegative Zinsstruktur d als Lösung von:* $p = Zd$.

Dieser Satz ist eine direkte Anwendung eines Satzes aus der Linearen Optimierung, der in diesem Zusammenhang häufig zitiert wird:

Lemma von Farkas:[8]

$$p = Z \cdot d, \quad d \geq 0 \tag{11}$$

genau dann, wenn

$$Z' \cdot x \geq 0 \quad \rightarrow \quad p' \cdot x \geq 0 \tag{12}$$

Die Diskontierungsfunktion d[9] und damit die Zinsstruktur stellt demnach ein arbitragefreies Preissystem für einen vollständigen Anleihemarkt dar. Weichen die Marktpreise auf einem vollständigen Anleihemarkt von ihren theoretischen Barwerten ab, kann jederzeit durch Wahl einer geeigneten Tradingstrategie ein free lunch lukriert werden.

Diese Definition von Arbitragefreiheit stellt zwar durch die Bedingung $d \geq 0$ sicher, daß die spot rates existieren, läßt allerdings die Existenz negativer spot rates zu. Um die Existenz negativer Zinssätze auszuschließen, müßte zusätzlich die Bedingung $d \leq 1$ gelten. Will man Satz 1 in analoger Weise um diese Eigenschaft der Diskontierungsfunktion erweitern, ist folgende Modifikation der Definition eines arbitragefreien Marktes sinnvoll[10]:

---

8 vgl. Gill, et al. (1989), S. 198 bzw. Schaefer (1981), S. 417f.

9 Wie auch aus dem Aufbau des Beweises von Satz 1 im Anhang ersichtlich ist, können die Werte der Diskontierungsfunktion als Dualvariablen eines Linearen Programms betrachtet werden. Wilhelm und Brüning (1992), S. 268, interpretieren einen Diskontierungsfaktor in diesem Sinne als "Konsumauszahlungssteigerung zum Zeitpunkt t=0, der eine hingenommene Konsumauszahlungsreduktion in einem zukünftigen Zeitpunkt möglich macht."

10 Die gleichen Überlegungen werden in Wilhelm und Brüning (1992) formalisiert, wobei die Modellierung der Kassenhaltung in etwas abweichender Form erfolgt.

Definition 3b:

Ein Markt heißt arbitragefrei, wenn gilt:

$$Z' \cdot x + E \cdot y \geq 0 \quad \rightarrow \quad G(x) = p' \cdot x + e' \cdot y \geq 0 \tag{13}$$

E (JxJ)–Einheitsmatrix

e (Jx1)–Vektor mit: $e_j = 1; \quad \forall j = 1,2,....,J$

y (Jx1)–Vektor mit: $y_j \geq 0$

Ausgangspunkt für diese Definition ist eine Erweiterung des Marktes aufgrund der Annahme nichtnegativer Zinssätze. Der Ausschluß negativer Zinssätze ist äquivalent mit der Annahme, daß für jeden Zahlungszeitpunkt t_j ein Zerobond mit einem Rückzahlungsbetrag von eins und einem Preis von eins existiert. Das bedeutet, daß die Möglichkeit von *Kassenhaltung*, d.h. Geld über beliebige Zeiträume unverzinst quasi "im Sparstrumpf" zu horten, in Form von konkreten Zahlungsströmen operationalisiert wird. Diese Zahlungsströme unterliegen der Einschränkung, daß Leerverkäufe ausgeschlossen sind, d.h. unverzinste Kreditaufnahme ist nicht möglich. Die in die zusätzlich eingeführten Zahlungsströme investierten Geldbeträge y_j sind daher in diesem Sinne vorzeichenbeschränkt. Die Zahlungsmatrix des Gesamtmarktes wird also um die (JxJ)–Einheitsmatrix und der Preisvektor um J Elemente mit dem Wert eins nach unten erweitert. Soll für diesen erweiterten Markt wiederum Arbitragefreiheit im Sinne von Definition 3a gelten, folgt nach kurzem Umformen Definition 3b.

Ausgehend von Definition 3b gilt nun folgender Satz (Beweis im Anhang):

Satz 2:

Auf vollständigen Märkten sind folgende Aussagen äquivalent:

(a) Der Markt ist arbitragefrei im Sinne von Definition 3b.

(b) Es existiert eine eindeutige Zinsstruktur $0 \leq d \leq 1$ als Lösung von: $p = Zd$.

Bis zu diesem Punkt der Analyse wurde immer von einer auf den Betrachtungszeitpunkt bezogenen Sichtweise der Arbitragefreiheit ausgegangen. Es wurden ausschließlich Handlungsalternativen berücksichtigt, die zum Betrachtungszeitpunkt zulässig bzw. "verfügbar" waren, nämlich in Form von Anleihen real existierender Zahlungsströme und der Alternative, Geld vom Betrachtungszeitpunkt an bis zu einem beliebigen Zeitpunkt in der Zukunft unverzinst zu halten. Die Aktionen am Anleihemarkt werden durch die Tradingstrategie $x \in \mathbb{R}^I$ beschrieben, während die Tradingstrategie $y \geq 0$ die unverzinsten Positionen quantifiziert. Positionen, bei denen zum Betrachtungszeitpunkt keine Zahlungen (=Preis) anfallen, also Termingeschäfte im weiteren Sinn, waren bislang aus der Analyse ausgeschlossen. Im folgenden wird die Auswirkung der Existenz von Termingeschäften auf den Zusammenhang zwischen Zinsstruktur und Arbitragefreiheit untersucht.

Analog zur Entwicklung von Definition 3b wird die Menge der "verfügbaren" Handlungsalternativen erweitert. Dabei wird davon ausgegangen, daß *kein* organisierter Terminmarkt existiert (in diesem Fall wären dann die Zahlungsströme aller konkret beobachtbaren Termingeschäfte zu erfassen). Es besteht allerdings jederzeit die Möglichkeit, Geld von einem *beliebigen Zeitpunkt* t_r aus bis zu einem späteren Zeitpunkt $t_s > t_r$ unverzinst zu halten. Die dadurch verfügbar werdenden Zahlungsströme werden in der Matrix H dargestellt:

$$H: \quad H_{rs} = \begin{Bmatrix} -1, & r = s \\ 1, & r = s - 1 \\ 0, & sonst \end{Bmatrix} \qquad \begin{matrix} r = 1, \ldots, J-1 \\ s = 1, \ldots, J \end{matrix} \tag{14}$$

Durch die in H gegebenen Zahlungsströme ist es jederzeit möglich, Geld von einem beliebigen Zeitpunkt in der Zukunft aus bis zu einem weiteren beliebigen Zeitpunkt unverzinst zu halten. Der Preis dieser Zahlungsströme ist der Nullvektor mit J−1 Elementen. Die Positionen, die in diesen Zahlungsströmen eingegangen werden, sind mit $z \geq 0$ bezeichnet, d.h. auch hier sind logischerweise Leerverkäufe ausgeschlossen. Anhand dieser Überlegungen kann die Definition des Begriffes Arbitragefreiheit entsprechend erweitert werden[11].

---

11 vgl. auch Dermody und Rockafellar (1991), S. 39ff.

Definition 3c:

Ein Markt heißt arbitragefrei, wenn gilt:

$$Z' \cdot x + E \cdot y + H' \cdot z \geq 0 \quad \rightarrow \quad G(x) = p' \cdot x + e' \cdot y + 0'_{J-1} \cdot z \geq 0 \qquad \textbf{(15)}$$

0	(Jx1)-Nullvektor
0_{J-1}	(J-1x1)-Nullvektor
z	(J-1x1)-Vektor mit: $z_j \geq 0$

Es gilt folgender Satz (Beweis im Anhang):

Satz 3:

Auf vollständigen Märkten sind folgende Aussagen äquivalent:

(a) Der Markt ist arbitragefrei im Sinne von Definition 3c.

(b) Es existiert eine eindeutige Zinsstruktur $0 \leq d \leq 1$, für die gilt $d_s \leq d_r$ $(\forall\ t_r < t_s)$, als Lösung von: $p = Zd$.

Dieser Satz ist nicht nur zentrale Grundlage für die Bewertung sicherer Zahlungsströme, sondern auch für die Entwicklung von Verfahren zur Ermittlung der Zinskurve[12]. Demzufolge muß die Diskontierungsfunktion auf arbitragefreien, vollständigen Märkten eindeutig gegeben und im Intervall $[1,0\rangle$ monoton fallend sein. Diese Aussage ist *von den Präferenzstrukturen der Marktteilnehmer unabhängig* und verlangt keine speziellen Annahmen über Zinsänderungsprozesse. Wenn *ein* Wirtschaftssubjekt einen Arbitragegewinn präferenzsteigernd realisieren kann, so kann *jedes* Wirtschaftssubjekt diesen Arbitragegewinn präferenzsteigernd realisieren[13].

---

[12] Satz 3c kann auch bei der Existenz eines bid/ask-spreads entsprechend erweitert werden. Eine Skizzierung dieser Zusammenhänge erfolgt im Anhang. Für eine detaillierte Diskussion dieser Thematik vgl. Prisman (1990) bzw. Dermody und Rockafellar (1991).

[13] vgl. Wilhelm und Brüning (1992), S. 264.

Im Abschluß dieses Kapitels soll noch gezeigt werden, daß diese Bedingung zur Bedingung nichtnegativer Terminzinssätze äquivalent ist; zusätzlich werden die Implikationen auf die Entwicklung von Verfahren zur Ermittlung der Zinsstruktur aufgezeigt.

2.3.2. Implikationen für Schätzverfahren

Es sei eine stetige Zinsstruktur als Funktion r(t) für alle positiven Fristigkeiten t gegeben. Der durch r(t) zum Zeitpunkt t=0 implizierte Terminzinssatz, der zwischen den Zeitpunkten t_1 und t_2 gilt, wird als *forward rate* $f(t_1,t_2)$ bezeichnet. Formal gelten ausgehend von kontinuierlicher Verzinsung folgende Beziehungen zwischen (annualisierten) forward rates, Zinsstruktur und Diskontierungsfunktion[14]:

$$f(t_1,t_2) = \frac{\frac{e^{t_2 \cdot r(t_2)}}{e^{t_1 \cdot r(t_1)}} - 1}{t_2 - t_1} = \frac{\frac{d(t_1)}{d(t_2)} - 1}{t_2 - t_1} \qquad (16)$$

Aus Relation 16 und Satz 3 läßt sich für arbitragefreie Märkte folgende Ungleichung ableiten:

$$f(t_1,t_2) \geq 0 \quad \Leftrightarrow \quad \frac{d(t_1)}{d(t_2)} \geq 1 \qquad \forall\, 0 < t_1 < t_2 \qquad (17)$$

Das bedeutet, daß negative Terminzinssätze ausgeschlossen sind, weil die Diskontierungsfunktion unter Arbitragefreiheit monoton fallend sein muß. Es gilt weiters:

$$\frac{\partial d(t)}{\partial t} \leq 0 \qquad \forall\, t > 0 \qquad (18)$$

14 Diese Aussagen gelten analog auch für den Fall diskreter Verzinsung.

sowie

$$d(t) = e^{-r(t)\cdot t} \tag{19}$$

Durch Einsetzen von 19 in 18 und durch partielles Ableiten erhält man:

$$\frac{r(t)}{t} \geq - \frac{\partial r(t)}{\partial t} \tag{20}$$

bzw. im Fall diskreter Verzinsung

$$\frac{\ln[\,1 + r(t)]}{t} \geq - \frac{\partial \ln[1 + r(t)]}{\partial t} \tag{21}$$

Diese Beziehung gilt grundsätzlich für alle steigenden Verläufe der Zinsstruktur bei positiven Zinssätzen. Liegt eine, zumindest über einen gewissen Bereich fallende Zinsstruktur vor, muß überprüft werden, ob Ungleichung (20) erfüllt ist. Dies hängt einerseits von den Funktionsparametern ab, andererseits von der Laufzeit selbst. Von besonderem Interesse sind offensichtlich Funktionstypen, bei denen Ungleichung (20) für den gesamten Bereich mit $t > 0$ erfüllt ist. Bei allen anderen Typen von Funktionen muß anhand der gegebenen Parameterwerte jener Bereich ermittelt werden, in dem die Ungleichung nicht erfüllt ist. Liegt dieser Bereich außerhalb der ökonomischen Betrachtung, d.h. außerhalb des Laufzeitspektrums am Anleihemarkt, ist Arbitragefreiheit über den relevanten Laufzeitbereich trotz nicht monoton fallender Diskontierungsfunktion gegeben.

Erweitert man Relation (20) zu einer Differentialgleichung 1. Ordnung, läßt sich ableiten, daß nur eine sehr eingeschränkte Menge von Funktionen diese Beziehung für alle $t > 0$ erfüllt. Im folgenden sind zwei Funktionen beschrieben, wo auch bei fallenden Zinskurven die Ungleichung für alle $t > 0$ erfüllt ist.

Es gilt bei stetiger Verzinsung:

$$r(t) = a_0 \cdot t^{a_1} \qquad t > 0;\ a_0 > 0;\ a_1 > -1$$

$$\Rightarrow \quad \frac{r(t)}{t} \geq -\frac{\partial r(t)}{\partial t} \tag{22}$$

sowie

$$r(t) = a_0 + a_1 \cdot t + \frac{a_2}{t} \qquad t > 0;\ a_0 > 0;\ a_1 > 0;\ a_2 \in \mathbb{R}$$

$$\Rightarrow \quad \frac{r(t)}{t} \geq -\frac{\partial r(t)}{\partial t} \tag{23}$$

Weichen die von den Schätzmodellen vorgegebenen funktionalen Strukturen von diesen Grundformen ab, ist eine einfache Restriktion der zu schätzenden Parameter für die Sicherstellung der Arbitragefreiheit unzureichend. Bei vielen Schätzmethoden wird es eine Frage der empirischen Evidenz sein, die Existenz von negativen forward rates festzustellen, vor allem aufgrund der analytischen Komplexität hochparametrisierter Modelle.

Abschließend sollen die wesentlichsten Inhalte der drei Definitionen von Arbitragefreiheit anhand von Zahlenbeispielen gezeigt werden. Insbesondere die konkrete Durchführung von Arbitragestrategien bei negativen spot rates und bei negativen forward rates soll illustriert werden.

2.3.3. Arbitrage bei negativen Spot Rates

Gegeben seien zwei endfällige Kuponanleihen mit einer Tilgung von 100 und einer Restlaufzeit von zwei Jahren. Anleihe A1 hat einen Kupon von 6% und einen Preis von 86.4670, Anleihe A2 weist einen Kupon von 10% und einen Preis von 93.7021 auf. Für die Diskontierungsfunktion d erhält man:

$$Z = \begin{pmatrix} 6 & 106 \\ 10 & 110 \end{pmatrix} \qquad p = \begin{pmatrix} 86.4670 \\ 93.7021 \end{pmatrix}$$

$$d = Z^{-1} \cdot p = \begin{pmatrix} 1.0526 \\ 0.7561 \end{pmatrix} \tag{24}$$

Man kann durch Portefeuillebildung tatsächlich für jeden Zahlungszeitpunkt einen Zahlungsstrom generieren, der nur zum betreffenden Zahlungszeitpunkt eine Zahlung von eins aufweist (diese Zahlungsströme lassen sich durch die Spaltenvektoren der 2x2–Einheitsmatrix E darstellen). Die Preise dieser Portefeuilles entsprechen definitionsgemäß genau den Werten der Diskontierungsfunktion d. Die zur Darstellung dieser Zahlungen geeigneten Tradingstrategien x sind gegeben durch:

$$x = (Z')^{-1} \cdot E = \begin{pmatrix} -0.275 & 0.025 \\ 0.265 & -0.015 \end{pmatrix} \tag{25}$$

Tabellarisch läßt sich diese Portefeuillebildung folgendermaßen zusammenfassen:

Position	Nennwert	t = 0	t = 1	t = 2
short A1	–27.5	23.7784	–1.65	–29.15
long A2	26.5	–24.8311	2.65	29.15
Summe		**–1.0526**	1	0

Tabelle 2.2.: Tradingstrategie zur Erzeugung eines Zerobonds mit einer Laufzeit von einem Jahr und einem Tilgungsbetrag von einer Geldeinheit.

Der erste Spaltenvektor von x stellt also die Tradingstrategie zur Erzeugung eines Zerobonds mit einer Laufzeit von einem Jahr und einem Tilgungsbetrag von genau einer Geldeinheit dar; der Preis dieses Portefeuilles ist mit dem oben berechneten Wert der Diskontierungsfunktion identisch. Analog ist der zweite Spaltenvektor von x zu interpretieren.

Position	Nennwert	t = 0	t = 1	t = 2
long A1	2.5	−2.1617	0.15	2.65
short A2	−1.5	1.4055	−0.15	−1.65
Summe		**−0.7561**	0	1

Tabelle 2.3.: Tradingstrategie zur Erzeugung eines Zerobonds mit einer Laufzeit von zwei Jahren und einem Tilgungsbetrag von einer Geldeinheit.

Es existiert also eine eindeutige Zinsstruktur $d \geq 0$, und der soeben untersuchte Markt ist nach Satz 1 arbitragefrei im Sinne von Definition 3a. Berechnet man jedoch die spot rates aus den Werten der Diskontierungsfunktion, erhält man:

$$r_1 = -5\% \qquad r_2 = 15\%$$

Dieser Markt ist wegen der negativen spot rate nicht arbitragefrei im Sinne von Definition 3b. Unter Verwendung der Möglichkeit, Geld unverzinst aufzubewahren, läßt sich die Arbitragestrategie sehr einfach konstruieren.

Position	Nennwert	t = 0	t = 1	t = 2
long A1	27.5	−23.7784	1.65	29.15
short A2	−26.5	24.8311	−2.65	−29.15
Kassenhaltung	1	−1	1	0
Summe	**free lunch:**	**0.0527**	0	0

Tabelle 2.4.: Tradingstrategie zur Erzeugung eines free lunch bei negativen spot rates.

2.3.4. Arbitrage bei negativen Forward Rates

Ausgehend vom vorigen Beispiel sei ceteris paribus für Anleihe A1 ein Preis von 101.3625 und für Anleihe A2 ein Preis von 108.4689 beobachtbar.

Für die Diskontierungsfunktion erhält man:

$$Z = \begin{pmatrix} 6 & 106 \\ 10 & 110 \end{pmatrix} \qquad p = \begin{pmatrix} 101.3625 \\ 108.4689 \end{pmatrix}$$

$$d = Z^{-1} \cdot p = \begin{pmatrix} 0.8696 \\ 0.9070 \end{pmatrix} \tag{26}$$

Die spot rates (r_1 = 15%, r_2 = 5%) sind bei dieser Konstellation durchwegs positiv, d.h. Arbitragefreiheit im Sinne von Definition 3b ist gegeben. Berechnet man die forward rate für die Periode zwischen t = 1 und t = 2, erhält man: $f_{1,2}$ = –4.12%. Aufgrund des negativen Terminzinssatzes ist dieser Markt nicht arbitragefrei im Sinne von Definition 3c. Die Arbitragestrategie muß in der Weise aufgebaut sein, daß Geld zwischen den Zeitpunkten t = 1 und t = 2 unverzinst angelegt werden kann. Mithilfe der beiden existierenden Anleihen ist dann ein Zahlungsstrom zu konstruieren, der zu t = 1 eine Zahlung von +1 und zu t = 2 eine Zahlung von –1 aufweist. Die dafür geeignete Tradingstrategie x erhält man durch:

$$x = (Z')^{-1} \cdot \begin{pmatrix} 1 \\ -1 \end{pmatrix} = \begin{pmatrix} -0.3 \\ 0.28 \end{pmatrix} \tag{27}$$

Tabellarisch läßt sich die Arbitragestrategie folgendermaßen zusammenfassen:

Position	Nennwert	t = 0	t = 1	t = 2
short A1	–30	30.4088	–1.8	-31.8
long A2	28	–30.3713	+2.8	+30.8
Kassenhaltung		0	–1	1
Summe	**free lunch:**	**0.0375**	0	0

Tabelle 2.5.: Tradingstrategie zur Erzeugung eines free lunch bei negativen forward rates.

2.4. Anwendungsgebiete und Kriterien zur Beurteilung von Schätzverfahren

Der naheliegendste Einsatzbereich der Zinsstruktur liegt in der *preisorientierten Beurteilung von Anleihen*[15]. Einerseits ist es aus Sicht eines Investors von Interesse, wie er seine Anlageentscheidung auch auf nicht unbedingt arbitragefreien Märkten zu treffen hat, andererseits benötigen Emittenten von Anleihen einen verläßlichen Anhaltspunkt zur Preisfindung der Emissionen. Das durch Gleichung (2) determinierte Preissystem ist bei gegebener Zinsstruktur hinreichend für die Bestimmung arbitragefreier Preise beliebiger unkündbarer Kuponanleihen höchster Bonität.

Allgemein ist die Zinsstruktur dazu geeignet, beliebige *sichere* Zahlungsströme über ihre Preise miteinander in Relation zu bringen. Dieses Konzept läßt sich in gewisser Hinsicht auch auf *unsichere* Zahlungsströme erweitern. Es ist z.B. möglich, durch Vergleich des Preises einer kündbaren Anleihe mit dem theoretischen, aus der Zinsstruktur hergeleiteten Preis eines unkündbaren, aber sonst identischen Zahlungsstromes, den *impliziten Wert der Optionsprämie* zu berechnen. Eine andere Erweiterung besteht im Vergleich der Preise bonitätsrisikobehafteter Anleihen mit den Barwerten der korrespondierenden sicheren Zahlungsströme. Über diesen Ansatz können nicht nur *Risikoprämien* bestimmt werden, sondern in einer Betrachtung über das gesamte Laufzeitspektrum auch Zinsstrukturen in Abhängigkeit von der Bonität bzw. des Ratings der Schuldner abgeleitet werden. Die daraus resultierende *term structure of credit spreads* ist ein Schlüsselinstrument für die Bewertung von Industrieanleihen oder auch junk bonds und kann letztlich sogar für eine marktorientierte Bewertung von Kreditportefeuilles herangezogen werden.

Die gleichen Überlegungen hinsichtlich verschiedener Schuldnergruppen können auch für den Vergleich der Zinsstrukturen verschiedener Länder bzw. Währungen angestellt werden. Eine daraus ermittelte *Struktur der Zinsdifferentiale* kann Grundlage für vielfältige Entscheidungen im Rahmen des Managements von Zinsänderungsrisiko und Wechselkurs-

---

15 vgl. dazu u.a. Uhlir und Steiner (1991), Abschnitt 2.4., sowie Franke (1983). Eine empirische Untersuchung über die Anwendbarkeit des Duplikationsprinzips bei einer preisorientierten Beurteilung von Anleihen für die BRD findet sich in Sauer (1989).

risiko darstellen. Unter gewissen Voraussetzungen kann diese Struktur der Zinsdifferentiale auch als Basis für Zins- bzw. Wechselkursprognosen verwendet werden.

Die Zinsstruktur gibt auch einen unverzerrten Überblick über die Preisentwicklungen auf Rentenmärkten, weil die laufzeitbezogene Betrachtungsweise Einflüsse, die sich aus der Laufzeitstruktur oder der gegebenen Liquidität ergeben, weitestgehend neutralisiert. Aus diesem Grund wird die Zinsstruktur zur *Berechnung von Rentenindices* verwendet[16], indem eine oder mehrere idealtypische, d.h. repräsentative Anleihen mit den durch die Zinsstruktur gegebenen Zinssätzen diskontiert werden und nach geeigneter Verknüpfung den gewünschten Indexwert ergeben. Dieses Konzept des *notional bond* läßt sich beliebig erweitern. Es können *Basistitel für derivative Zinsinstrumente* kreiert oder einfache *benchmarks* zur Darstellung spezifischer Anlageziele im Portefeuillemanagement berechnet werden. Letztlich ist mit diesem Konzept auch Aufsichtsbehörden und Notenbanken ein geeignetes Instrument zur Überwachung und Steuerung von Zinsänderungsprozessen im gesamtwirtschaftlichen Zusammenhang gegeben.

Besondere Bedeutung hat auch die Betrachtung bestimmter *Referenzzinssätze* aus der Zinsstruktur im Zeitablauf. Vor allem am kurzen und am langen Ende des Laufzeitspektrums ist die Entwicklung der betreffenden Zinssätze für eine Reihe von Überlegungen von sehr großem Interesse. Aus dem Verhalten dieser Zeitreihen können diverse Prozeßparameter, wie z.B. die Volatilität des kurzfristigen Zinses, geschätzt werden[17], denen vor allem bei der Bewertung von derivativen Instrumenten entscheidende Bedeutung zukommt. Dazu kommt die Möglichkeit eines Vergleiches der Referenzzinssätze mit Leitzinsen oder Zinssätzen aus anderen Marktsegmenten (z.B. Geldmarkt). Eine zusätzliche Einsatzmöglichkeit dieser aus der Entwicklung der Zinsstruktur abgeleiteten Zeitreihen besteht in der Verwendung für die *Erstellung von Zinsprognosen*, denn sowohl einfache charttechnische Methoden als auch ausgefeiltere statistische Verfahren sind entscheidend von der Qualität der zugrundeliegenden historischen Zeitreihen abhängig.

---

16 Ein bedeutendes Beispiel dafür ist der deutsche Rentenindex REX und das dazugehörende Schätzverfahren.

17 vgl. dazu auch Abschnitt 3.5.

Aus der Kenntnis der Referenzzinssätze am kurzen und am langen Ende der Zinskurve, der *short rate* und der *consol rate*, läßt sich bereits eine einfache Aussage über die generelle Lage der Zinskurve treffen. Von besonderer ökonomischer Bedeutung ist die Betrachtung der Differenz zwischen consol rate und short rate, des *term spreads*, im Zeitablauf[18]. Der term spread an sich bzw. unerwartete Veränderungen des term spreads werden oft als Indikatoren für zukünftige gesamtwirtschaftliche Zustände, die über den Verlauf von Zinssätzen hinausgehen, interpretiert[19]. So findet beispielsweise der term spread als Surrogat für die Entwicklung der Liquiditätspräferenzen der Investoren Eingang in zahlreiche Multifaktormodelle auf Mikro- und Makroebene[20].

Aus dem eben geschilderten Anwendungsprofil ergeben sich eine Reihe von Anforderungen, die an ein Verfahren zur Ermittlung der Zinsstruktur gestellt werden können. Im folgenden werden die wichtigsten Anforderungen explizit formuliert und anhand überprüfbarer Kriterien operationalisiert:

(a) Verläßlichkeit des Preissystems

Die Verläßlichkeit der geschätzten Zinsstruktur als Preissystem für Kuponanleihen ist mit Sicherheit die bedeutendste Anforderung an ein Ermittlungsverfahren. Die geschätzten spot rates sollen die am Markt beobachtbaren Preise möglichst gut erklären können, d.h. die Abweichungen der Marktpreise von ihren theoretischen Barwerten soll minimal sein. Zwei Kennzahlen bieten sich zur Messung der Erklärungskraft des Preissystems an:

Die mean standard deviation (MSD):

$$MSD = \frac{1}{N} \cdot \sum_{n=1}^{N} \sqrt{\frac{1}{I_n} \cdot \sum_{i=1}^{I_n} (p_{in} - pv_{in})^2} \qquad \textbf{(28)}$$

---

18 Zur Bedeutung der Zinsstruktur als Indikatorvariable vgl. Hesse und Roth (1992).

19 Seit 1989 werden bereits Optionen auf den term spread für US-Treasuries am amerikanischen OTC-Markt gehandelt.

20 Nahezu alle empirischen Studien zur Arbitrage Pricing Theory sehen im term spread einen der Hauptfaktoren zur Erklärung der Dynamik von Aktienrenditen.

Die mean absolute deviation (MAD):

$$MAD = \frac{1}{N} \cdot \sum_{n=1}^{N} \frac{1}{I_n} \cdot \sum_{i=1}^{I_n} |p_{in} - pv_{in}| \qquad (29)$$

N	Anzahl der Beobachtungszeitpunkte
I_n	Anzahl der gehandelten Anleihen zum Beobachtungszeitpunkt n
p_{in}	Marktpreis zuzüglich Stückzinsen für Anleihe i zum Beobachtungszeitpunkt n
pv_{in}	Theoretischer Barwert für Anleihe i zum Beobachtungszeitpunkt n

Beide Kennzahlen messen die durchschnittlichen Differenzen zwischen den beobachteten Marktpreisen und den Barwerten, die sich durch Anwendung des untersuchten Schätzverfahrens aus der Zinsstruktur ergeben. Je kleiner diese Werte sind, desto besser ist die Anpassungsgüte der Schätzung und desto verläßlicher ist das ermittelte Preissystem.

(b) Arbitragefreiheit

Wenn Arbitragefreiheit im Sinne von Definition 3c gegeben sein soll, dürfen keine negativen spot rates geschätzt werden und durch die Schätzung keine negativen forward rates impliziert werden. Es ist allerdings nicht a priori auszuschließen, daß in gewissen Extremsituationen am Markt bzw. bei nicht synchroner Preisaufzeichnung tatsächlich zumindest scheinbare Arbitragemöglichkeiten auftreten. Besonders kritische Laufzeitbereiche, wo bei vielen Verfahren Verletzungen der Arbitragefreiheitsbedingungen zu erwarten sind, stellen Laufzeiten bis zu einem Jahr und sehr große Laufzeiten (in Österreich über zehn Jahre) dar. Spot rates für große Laufzeiten werden in der Regel nur mehr aus dem übrigen Kurvenverlauf extrapoliert, was vor allem bei polynomialen Strukturen zu einem extremen Verhalten am Ende des Laufzeitbereiches führen kann. Für sehr kurze Laufzeiten besteht das Problem, daß üblicherweise Anleihen mit sehr kurzer Restlaufzeit nicht mehr bzw. nur mehr sehr unregelmäßig gehandelt werden. Allein schon aus numerischen Gründen kann dadurch ein extremes Verhalten der Zinskurve in diesem Laufzeitsegment gegeben sein. Zusätzlich besteht bei vielen Schätzverfahren mit logarithmischen Strukturen das Problem eines extremen Grenzverhaltens der Zinskurve bei sehr kleinen Laufzeiten. Es wird daher sinnvoll sein, bei der Überprüfung der Arbitragefreiheit den

Laufzeitbereich in drei Intervalle (z.B. 0–1 Jahre, 1–10 Jahre, über 10 Jahre) aufzuteilen, um so eine zielführendere Beurteilung der Schätzverfahren zu ermöglichen.

(c) Anwendbarkeit auf wenig liquiden Märkten

Bei der Anwendung von Verfahren auf wenig liquiden Rentenmärkten muß in der Regel eingangs überprüft werden, ob die mathematischen Grundvoraussetzungen für den Einsatz des Verfahrens überhaupt gegeben sind[21]. Diese Überprüfung hat für jeden Beobachtungszeitpunkt zu erfolgen, weil durch unregelmäßigen Handel nicht gewährleistet ist, daß jede Anleihe wirklich zu jedem Beobachtungszeitpunkt eine Kursrealisation aufweist. Das bedeutet, daß verschiedene Verfahren möglicherweise nur an einer eingeschränkten Anzahl von Zeitpunkten anwendbar sind, wobei Verfahren, die von der Vollständigkeit des Rentenmarktes im Sinne von Definition 1 ausgehen, in besonderem Ausmaß davon betroffen sind. Als Maßzahl zur Beurteilung von Schätzverfahren eignet sich der *Prozentsatz* der Tage, an denen innerhalb eines gewissen Zeitraumes ein Verfahren anwendbar war.

(d) Verhalten der Referenzzinssätze im Zeitablauf

An das Verhalten von Referenzzinssätzen[22] im Zeitablauf können unterschiedliche Anforderungen gestellt werden. Eine ganz wichtige Eigenschaft dieser geschätzten Zinssätze ist ihre "Stabilität" im Zeitablauf. Bei einigen Verfahren können Situationen auftreten, an denen die Zinskurve innerhalb einer Woche mehrmals "dreht", d.h. von einer steigenden in eine fallende Zinskurve übergeht und umgekehrt. Vor allem die Zinssätze am kurzen Ende der Zinsstruktur sind bei vielen Verfahren empfindlich gegenüber Ausreißern oder Änderungen in der Zusammensetzung der der Schätzung zugrundeliegenden Anleihenbasis.

---

21 Normalerweise ist es bei Regressionsansätzen ausreichend, wenn der Rang der Matrix der unabhängigen Variablen gleich der Anzahl der zu schätzenden Parameter ist. Damit ist auf Rentenmärkten, an denen jeden Tag mehr als zehn Preise linear unabhängiger Zahlungsströme zu beobachten sind, in der Regel kein Problem gegeben.

22 Darunter werden in diesem Zusammenhang spot rates verstanden, deren Laufzeiten entweder mit Laufzeiten von Referenzzinssätzen anderer Märkte korrespondieren oder von signifikanter ökonomischer Bedeutung sind. In dieser Arbeit werden später die Laufzeiten drei Monate und ein Jahr (≙Geldmarktzinsen), sieben Jahre (≙Sekundärmarktrendite) sowie fünf Jahre und zehn Jahre verwendet.

Es ist allerdings problematisch, ohne einen absoluten Vergleichsmaßstab ein echtes, ökonomisch bedingtes Drehen der Zinskurve von einem rein verfahrensbedingten Ausreißer zu unterscheiden. Als relative Maßzahlen bieten sich die *Volatilität der Referenzzinssätze* und die Anzahl der Fälle, in denen der term spread während eines Untersuchungszeitraumes sein Vorzeichen wechselt, im Vergleich mit den Kennzahlen anderer Verfahren an. Ein Ansatz für einen absoluten Vergleichsmaßstab könnte beispielsweise in einem *Vergleich der Zeitreihen* des Dreimonatszinses am Geldmarkt mit der geschätzten spot rate für drei Monate oder der Sekundärmarktrendite mit der spot rate für sieben Jahre liegen.

3. Verfahren zur Ermittlung der Term Structure

Alle theoretischen Überlegungen, die in Abschnitt 2.3. angestellt wurden, gehen im Prinzip von wenig realitätsnahen Annahmen aus. Zum einen ist die Annahme *perfekter* Märkte, in denen insbesondere die Existenz von Steuern und Transaktionskosten ausgeschlossen ist, auf realen Rentenmärkten nur sehr eingeschränkt erfüllt. Man muß daher davon ausgehen, daß beobachtbare Marktpreise nicht unbedingt arbitragefrei sein müssen, zumindest in einem Ausmaß, daß mögliche Arbitragegewinne die anfallenden Transaktionskosten nicht decken. Eine zweite Einschränkung des theoretischen Modells liegt in dem Umstand, daß die Bedingung der Vollständigkeit im Sinne von Definition 1 nicht ausreichend erfüllt ist. Vor allem auf Märkten mit nicht einheitlicher Struktur der Kupontermine treten in dieser Hinsicht entscheidende Probleme auf. Es ist also die Aufgabe von *Schätzverfahren*, auch auf nicht "idealen" Rentenmärkten entsprechend vorher definierter Kriterien vernünftige Ergebnisse zu liefern.

Ausgehend von den obengenannten grundlegenden Annahmen können Verfahren zur Ermittlung der Zinsstruktur in drei große Gruppen eingeteilt werden, die in den Abschnitten 3.1. – 3.5. eingehend diskutiert werden:

(a) *Der Markt ist vollständig und arbitragefrei:*

- Direkte Ermittlung der Zinsstruktur (Abschnitt 3.1.)

(b) *Der Markt ist vollständig und nicht arbitragefrei:*

- Verfahren zur Schätzung der diskreten Zinsstruktur (3.2.)

(c) *Der Markt ist nicht vollständig:*

- Verfahren zur Schätzung der stetigen Zinsstruktur (3.3.)
- Approximation der Zinsstruktur durch die Renditestruktur (3.4.)
- Anwendung von Gleichgewichtsmodellen (3.5.)

3.1. Direkte Ermittlung der Zinsstruktur

In Abschnitt 2.3. wurde gezeigt, daß folgende Aussagen äquivalent sind:

(a) Der Markt ist vollständig, und es existiert ein arbitragefreies Preissystem.

(b) Es existiert eine eindeutige Zinsstruktur.

Ist der Rentenmarkt tatsächlich vollständig und arbitragefrei, kann die *diskrete* Zinsstruktur sehr einfach direkt ermittelt werden. Es ist bei der direkten Ermittlung lediglich zu unterscheiden, ob am Markt Zerobonds oder Kuponanleihen gegeben sind.

Existieren am Markt ausschließlich Zerobonds mit Preisen p_i, Rückzahlungsbeträgen F_i und Restlaufzeiten RLZ_i, so ist die Zinsstruktur direkt gegeben durch:

$$r_{RLZ_i} = \left(\frac{F_i}{p_i}\right)^{\frac{1}{RLZ_i}} - 1$$

$$d_{RLZ_i} = \frac{p_i}{F_i} \tag{30}$$

Auch für Kuponanleihen, gegeben durch Preis, Höhe und Zeitpunkt der Zahlungen, kann die Zinsstruktur durch das Auflösen eines linearen Gleichungssystems ermittelt werden. Zunächst wird für den gesamten Markt wie in Abschnitt 2.3. die aggregierte Zahlungsmatrix Z definiert mit

$$\mathbf{Z}: \quad Z_{ij}$$

$i = 1,2,....,I$ I: Anzahl der Anleihen am Markt

$j = 1,2,....,J$ J: Anzahl der (diskreten) Zahlungszeitpunkte am Markt

als Zahlung der Kuponanleihe i zum Zeitpunkt t_j. Weiters ist der Vektor p der Anleihepreise (Kurswert zuzüglich Stückzinsen) gegeben durch

$$\mathbf{p}: \quad p_i \quad i = 1,2,....,I$$

als Preis der Anleihe i. Aufgrund der Arbitragefreiheit muß für alle Anleihen gelten:

$$p_i = \sum_{j=1}^{J} Z_{ij} \cdot d_{t_j} \tag{31}$$

bzw.

$$p = Z \cdot d \tag{32}$$

d Vektor der Werte der Diskontierungsfunktion d_t

Durch Auflösen des linearen Gleichungssystems $d = Z^{-1}p$ erhält man direkt die Werte für die Diskontierungsfunktion und damit die Zinsstruktur. Damit ist auch eine Operationalisierung des Begriffes "Vollständigkeit" offensichtlich, denn die Struktur von Z muß derart beschaffen sein, damit das Gleichungssystem eine eindeutige Lösung besitzt. Der Vollständigkeitsbegriff aus Abschnitt 2.3. (Definition 1) gewährleistet genau diese wichtige Eigenschaft eines Anleihemarktes.

In der Realität existieren nur wenige Märkte, auf denen die direkte Ermittlung der Zinsstruktur möglich ist. In erster Linie kommen hiefür Märkte in Frage, an denen nur Zerobonds gehandelt werden[23]. Märkte mit Kuponanleihen hingegen erfüllen überhaupt nur in seltenen Fällen den Vollständigkeitsbegriff, während empirische Befunde zeigen, daß keiner dieser Märkte exakt arbitragefrei ist. In der Praxis kommt aus diesem Grund allen *Schätzverfahren*, das sind Verfahren, die nicht notwendigerweise von einem arbitragefreien Markt ausgehen, die größte Bedeutung zu.

---

[23] Ein Beispiel dafür sind die Märkte für "stripped" coupon bonds; im weiteren Sinne sind an dieser Stelle auch Geldmärkte zu nennen.

3.2. Verfahren zur Schätzung der diskreten Zinsstruktur

Diese Verfahren gehen im Gegensatz zur direkten Ermittlung der Zinsstruktur nicht von der unbedingten Arbitragefreiheit des Marktes aus. Die beobachtbaren Preise werden in Folge als Summe aus theoretischem, arbitragefreiem Barwert (PV) und einem Bewertungsfehler (ϵ), der sich durch unterschiedliche ökonomische Ursachen (z.B. Transaktionskosten oder Steuern) begründet, betrachtet. Wie bei der direkten Ermittlung der Zinsstruktur bleibt die *Vollständigkeit* des Marktes Ausgangspunkt der Schätzmethoden.

Das klassische Beispiel dafür ist das Verfahren von **Carleton und Cooper** (1976), das über eine einfache lineare Regression jenen Vektor von Diskontierungsfaktoren bestimmt, der die Summe der quadrierten *Preisabweichungen* minimiert. Unter Preisabweichungen versteht man die Differenz aus den theoretischen Barwerten, die sich durch Abzinsen der Zahlungsströme mit der ermittelten Diskontierungsfunktion ergeben, und den beobachteten Marktpreisen. Ist die Funktion der Zinsstruktur als Preissystem für den Anleihemarkt maßgebend für deren Anwendung, stellt das Verfahren von Carleton und Cooper eine gewissermaßen "optimale" Methode dar, weil genau die interessierende Größe (Preisabweichung) minimiert wird. Allerdings kann dieses Verfahren idealerweise nur auf vollständigen Märkten angewendet werden. Im Falle eines nicht vollständigen Marktes haben sich verschiedene Hilfsverfahren entwickelt, die durch künstliche Zuordnung der Zahlungen zu Modellzahlungszeitpunkten die Vollständigkeit herstellen. Beispiele dafür sind für die BRD die Verfahren von **Nuske** (1983), **Bußmann** (1989), **Lassak** (1990, 1991) sowie die in dieser Arbeit verwendete Modifikation des Modells von Carleton und Cooper.

Eine weitere Möglichkeit zur Schätzung der diskreten Zinsstruktur sind **heuristische Verfahren**, die ebenfalls einen vollständigen Markt verlangen, aber keine Optimierung durchführen. Beispiele dafür finden sich in verschiedenen Lehrbüchern, so z.B. die rekursive Ermittlung der spot rates bei **Uhlir und Steiner** (1991).

3.2.1. Das Verfahren von Carleton und Cooper

Ausgangspunkt für diese Schätzmethode ist die Barwertgleichung (32), in der der theoretische Barwert eines sicheren Zahlungsstromes exakt gleich der Summe der abgezinsten Zahlungsstromkomponenten ist. Betrachtet man die beobachteten Marktpreise als Summe aus dem theoretischen (arbitragefreien) Preis (PV) und einem Störterm (e), kann Gleichung (32) entsprechend erweitert werden:

$$p = PV + e$$
$$p = Z \cdot d + e \tag{33}$$

p (Ix1)–Vektor der beobachteten Marktpreise
I: Anzahl der Anleihen am Markt

PV (Ix1)–Vektor der theoretischen Barwerte

Z (IxJ)–Zahlungsmatrix
J: Anzahl aller Zahlungszeitpunkte am Markt

d (Jx1)–Vektor der Werte der Diskontierungsfunktion für alle Zahlungszeitpunkte t_j; j = 1,2,....,J.

e (Ix1)–Vektor der Abweichungen der beobachteten Marktpreise vom theoretischen Barwert

Geht man von der Annahme aus, daß die Störterme e_i i.i.d. mit Erwartungswert Null sind, dann kann Gleichung (33) als multiple OLS–Regression interpretiert werden. Eine OLS–Regression minimiert die Varianz der Residuen; in diesem Fall:

$$Min \quad VAR(e) = \sum_{i=1}^{I} e_i^2 \tag{34}$$

Das bedeutet, eine OLS–Schätzung des Diskontierungsvektors d bei gegebener Zahlungsstrommatrix Z minimiert die Summe der quadrierten Preisabweichungen und damit die entscheidende Zielgröße[24].

Die Schätzwerte für d erhält man durch Lösung des folgenden linearen Gleichungssystems:

$$d = (Z' \cdot Z)^{-1} \cdot Z' \cdot p \qquad \textbf{(35)}$$

Dieses Gleichungssystem besitzt genau dann eine eindeutige Lösung, wenn gilt, daß Rg(Z) = J. Demnach kann das Verfahren von Carleton und Cooper nur auf vollständigen Anleihemärkten verzerrungsfrei durchgeführt werden. In der Praxis kann man sich mit der Bildung eines "Modellmarktes" behelfen, in dem man alle Zahlungen nach bestimmten Vorschriften Modellzahlungszeitpunkten zuordnet. Wird die Anzahl der Modellzahlungszeitpunkte pro Jahr dementsprechend verringert, entsteht durch die geringere Anzahl an Spalten in Z ein vollständiger Modellmarkt, d. h. es gilt: Rg(Z) = J[25]. Es ist allerdings zu beachten, daß eine exakte Zuordnung von Zahlungen zu einem anderen Zeitpunkt nur nach korrekter Auf- bzw. Abzinsung erfolgen kann, wofür aber die Kenntnis zukünftiger Zinssätze erforderlich wäre[26]. Eine zusätzliche Verzerrung entsteht aufgrund der Tatsache, daß der Zuordnungsfehler im allgemeinen nicht symmetrisch ist. Eine Schätzung von Carleton und Cooper unter Verwendung von Modellzahlungszeitpunkten unterliegt also in jedem Fall einer Verzerrung, die umso größer ist, je geringer die Zahl der Modellzahlungszeitpunkte pro Jahr gewählt wird. Ob die resultierende Verzerrung durch den Zuordnungsfehler größer ist als eine Verzerrung durch Wahl einer ungeeigneten Zielgröße bei

---

24 Das Verfahren von Carleton und Cooper verwendet als Zielgröße mit der Varianz der Residuen die euklidische Norm $|\varepsilon|_2$. Eine Diskussion alternativer Normen, wie z.B. die Norm $|\varepsilon|_1$ (Minimierung des maximalen Abstandes zwischen den Modellpreisen und den Marktpreisen) oder $|\varepsilon|_\infty$ (Minimierung der Summe der absoluten Abweichungen von Modellpreis und Marktpreis) findet sich in Wilhelm und Brüning (1992), S. 268ff.

25 Werden alle Zahlungen zur Gänze dem nächstliegenden Modellzahlungszeitpunkt zugeordnet, ist ein Modellmarkt mit endfälligen Kuponanleihen genau dann vollständig, wenn zu jedem der J Modellzahlungszeitpunkte mindestens eine Anleihe ihren Tilgungszeitpunkt hat. Erfolgt die Zuordnung durch lineare Aufteilung der Zahlungen zu den beiden nächstgelegenen Zeitpunkten, sind größere Abstände zwischen den Tilgungszeitpunkten zulässig. Dabei können jedoch numerische Probleme bei der Matrixinversion im Zuge des OLS-Verfahrens auftreten.

26 Einen interessanten Lösungsvorschlag entwickelten in diesem Zusammenhang Wilhelm und Brüning (1992), in dem in einer iterativen Vorgangsweise die Auf- bzw. Abzinsung mit den bereits in der Vorstufe geschätzten Terminzinssätzen erfolgt.

der Optimierung (Renditeabweichung bei Schätzungen der Renditestruktur), muß für jeden Anleihemarkt gesondert empirisch untersucht werden; eine allgemeingültige Antwort kann hier nicht gegeben werden.

Bei der Verwendung eines Modellmarktes tritt bei der Anwendung der Zinsstruktur als Preissystem noch ein zusätzliches Problem auf, weil die tatsächlichen Zahlungszeitpunkte am Rentenmarkt in der Regel zwischen den Modellzahlungszeitpunkten liegen. Daher muß wiederum eine Zuordnungsregel bzw. Form der Interpolation gefunden werden, um die Diskontierungsfunktion für *alle* Zahlungszeitpunkte zu bestimmen. Eine Diskussion der schwer kontrollierbaren Auswirkungen dieser Problematik findet sich in Jordan (1984), Chambers, Carleton und Waldman (1984) sowie Lassak (1990).

Grundsätzlich gilt, daß die Anwendbarkeit des Verfahrens von Carleton und Cooper mit steigender Anzahl von Anleihen, die ins Schätzverfahren eingehen, eher gegeben ist. Man müßte also danach trachten, möglichst viele Wertpapiere in die Datenbasis mit einzubeziehen, d. h. auch Papiere mit unterschiedlichen Emittenten oder geringerer Liquidität. Dem ist allerdings entgegenzuhalten, daß die Verwendung von Anleihen mit nicht mehr aktuellen Kursen vor allem in Perioden volatiler Zinssätze zu großen, kaum kontrollierbaren Bewertungsfehlern führen kann. Man steht also vor einem *trade-off*, auf der einen Seite möglichst viele Anleihen und auf der anderen Seite nur Anleihen mit möglichst aktuellen Kursbeobachtungen in die Datenbasis aufzunehmen. Im Zuge dieser Arbeit werden aus Gründen der Vergleichbarkeit nur Varianten berücksichtigt, die ausschließlich die aktuellen Kursinformationen eines Börsetages berücksichtigen[27].

Wie bei allen Verfahren, bei denen die Arbitragefreiheit des Anleihemarktes nicht bereits per Annahme sichergestellt ist, besteht auch beim Verfahren von Carleton und Cooper die Möglichkeit, eine Schätzung mit negativen Kassa- bzw. Terminzinssätzen zu erhalten. Für den Ansatz von Carleton und Cooper ist es mithilfe linearer Nebenbedingungen möglich,

---

27 Zirknitzer (1991) testet die Anwendung von Carleton und Cooper für den österreichischen Rentenmarkt unter Heranziehung einer möglichst großen Datenbasis mit Verwendung auch nicht mehr aktueller Kursinformationen. Die mittleren Bewertungsfehler bei dieser Variante des Verfahrens sind jedoch im Vergleich mit den Ergebnissen dieser Arbeit um ein Vielfaches größer.

die Schätzung einer arbitragefreien Zinskurve zu gewährleisten. Im Prinzip müssen dafür drei Arten von Restriktionen erfüllt sein:

1. $d_t \geq 0$ d. h. es existieren für alle t reelle spot rates
2. $d_t \leq 1$ d. h. es existieren keine negativen spot rates
3. $d_{t+1} \leq d_t$ d. h. es existieren keine negativen forward rates

Formal lassen sich diese Zusammenhänge in einfacher Form in Matrixschreibweise darstellen:

$$R \cdot d \leq q \qquad \textbf{(36)}$$

R (3J−1 x J)−Matrix der Restriktionskoeffizienten

d (Jx1)−Vektor der zu schätzenden Diskontierungsfaktoren

q (3J2−1 x 1)−Vektor der Absolutglieder in den Nebenbedingungen

Unterteilt man R und q nach den drei Arten von Nebenbedingungen erhält man:

$$R = \begin{bmatrix} R^1 \\ R^2 \\ R^3 \end{bmatrix}; \qquad q = \begin{bmatrix} q^1 \\ q^2 \\ q^3 \end{bmatrix} \qquad \textbf{(37)}$$

q^1 (Jx1)−Nullvektor

q^2 (Jx1)−Vektor; es gilt für jedes Element j: $q^2_j = 1$

q^3 (J−1 x 1)−Vektor; es gilt für jedes Element j: $q^3_j = 1$

R^1 − E; E: (JxJ)−Einheitsmatrix

R^2 + E

R^3 (J−1 x J)−Matrix nach folgender Definition[28]:

$$R^3\text{:}\quad R^3_{rs} = \left\{ \begin{array}{lr} -1, & r = s \\ 1, & r = s-1 \\ 0, & sonst \end{array} \right\} \qquad \textbf{(38)}$$

Anhand der soeben angegebenen Definitionen ergibt sich folgendes beschränktes Schätz−

---

28 Die Matrix R^3 entspricht der Matrix H in Abschnitt 2.3. (Definition 3c).

modell, das mit einem geeigneten Verfahren zur quadratischen Optimierung unter linearen Ungleichungsrestriktionen (z.B. dem *Algorithmus von Wolfe*) zu lösen ist:

$$p = Z \cdot d + e \qquad \textit{bzgl.} \quad R \cdot d \leq q \tag{39}$$

Anzumerken bleibt, daß dieser Ansatz um beliebige lineare Nebenbedingungen erweitert werden kann. Es sind lediglich die notwendigen Erweiterungen von R und q entsprechend zu definieren.

3.2.2. Heuristische Verfahren

Heuristische Verfahren zur Bestimmung der diskreten Zinsstruktur sind Verfahren, die von einem vollständigen, nicht arbitragefreien Anleihemarkt ausgehen und keine Optimierung der Preisabweichungen durchführen. Ein häufig zitiertes Beispiel dafür ist die ***rekursive Ermittlung*** der Zinsstruktur aus einem vollständigen Markt von Kuponanleihen. Allgemein läßt sich die Rekursionsvorschrift für die Ermittlung von r(t) folgendermaßen darstellen:

$$r_i(t) = \left(\frac{Z_{J_i}}{p_i - \sum_{j=1}^{J_i - 1} Z_j \cdot \left[1 + r^*(t_j)\right]^{-t_j}} \right)^{\frac{1}{t}} - 1 \tag{40}$$

$r_i(t)$ Spot rate für den Zeitpunkt t, an dem die Anleihe i ihren Tilgungszeitpunkt aufweist

J_i Anzahl der Zahlungszeitpunkte der Anleihe i

$r^*(t)$ Spot rates, die bereits auf einer früheren Stufe der Rekursion ermittelt wurden

Existieren Zeitpunkte, an denen mehr als eine Anleihe ihren Tilgungszeitpunkt aufweisen, müßten für diesen Zeitpunkt t auf einem arbitragefreien Markt alle nach (40) ermittelten spot rates $r_i(t)$ den gleichen Wert annehmen. Sind jedoch Bewertungsfehler vorhanden, erhält man unterschiedliche "spot rates" $r_i(t)$ für diese Zeitpunkte. Es sind an dieser Stelle eine Reihe von *heuristischen* Kriterien denkbar, die aus den gegebenen $r_i(t)$ ein einheitliches $r^*(t)$ aggregieren. Mögliche Aggregationsvorschriften sind beispielsweise die Auswahl des Maximums[29] (Minimums) oder des Mittelwerts[30] (Medians). Offensichtlich sind derartige Verfahren zwar didaktisch wertvoll, haben aber den entscheidenden Nachteil, daß keine explizite Minimierung der Preisabweichungen durchgeführt wird. Es besteht vielmehr die Gefahr, durch sich bereits in einer frühen Stufe der Rekursion ergebende Fehler zu sehr großen, verfahrensbedingten Abweichungen von den "optimalen" spot rates zu gelangen.

29 vgl. u.a. Uhlir und Steiner (1991), S. 37ff.

30 vgl. Buono, Gregory-Allen und Yaari (1992), S. 55.

3.3. Verfahren zur Schätzung der stetigen Zinsstruktur

Bei der Ermittlung der diskreten Zinsstruktur sind zwei Problemfelder von essentieller Bedeutung: Die Unvollständigkeit des Anleihemarktes und der für diskrete Zinsstrukturen typische "gezackte" Verlauf der Zinskurve. Dieser Umstand führte zur Entwicklung von Schätzverfahren, die versuchen, beide Problemkreise gleichzeitig zu lösen. Der zentrale Ansatzpunkt bei diesen Verfahren ist die Modellierung der spot rates als stetige Funktion der Laufzeit. Wählt man eine sinnvolle Spezifikation des funktionalen Zusammenhangs, sind dadurch zwei Ziele erreicht: Die Zinsstruktur kann auch in einem unvollständigen Markt geschätzt werden, und der Verlauf der Zinskurve ist entsprechend glatt. Es bleibt aber dahingestellt, ob diese Verfahren tatsächlich die oben angesprochenen Probleme lösen können, denn als Ersatz für die fehlenden Informationen vom Rentenmarkt treten in letzter Konsequenz willkürliche Annahmen über den funktionalen Verlauf der Zinsstruktur. Damit beruhen diese Schätzverfahren nicht nur auf dem Arbitragefreiheitsprinzip. Zusätzlich muß noch angemerkt werden, daß in der Regel bei allen Verfahren zur Schätzung der stetigen Zinsstruktur zum Teil recht häufig negative forward rates und zum Teil auch negative spot rates auftreten können[31].

Der größte Teil dieser Verfahren bedient sich der Technik der *Spline-Approximation* zur Anpassung der Zinsstruktur an den vorgegebenen Funktionstyp. Bei dieser Technik wird die Diskontierungsfunktion bzw. die Zinsstruktur durch eine vorgegebene Anzahl von stetigen, differenzierbaren Komponentenfunktionen approximiert. Am häufigsten werden Polynome als Komponentenfunktionen herangezogen, wobei vor allem die Verfahren von **McCulloch** (1971) unter Verwendung quadratischer Splines, **McCulloch** (1975) unter Verwendung kubischer Splines und **Langetieg und Smoot** (1989) unter Verwendung spezieller Polynome (B-Splines) besondere Bedeutung erlangt haben[32]. Darüberhinaus

---

31 Grundsätzlich sollte es auch bei Verfahren zur Schätzung der stetigen Zinsstruktur möglich sein, durch Vorgabe geeigneter Restriktionen gesichert arbitragefreie Verläufe der Zinsstruktur zu erhalten. Bei den in der Literatur und in der Praxis etablierten Verfahren ist diese Möglichkeit jedoch kaum vorhanden.

32 Zusätzliche Varianten entwickelten u. a. Jordan (1984) sowie Litzenberger und Rolfo (1984).

konnte **Shea** (1984) zeigen, daß die Spline-Approximation nach McCulloch äquivalent zu einem beschränkten linearen Regressionsmodell ist.

Der große Vorteil der polynomialen Splines liegt in der Tatsache, daß grundsätzlich die Parameter in diesen Verfahren mit linearen Methoden geschätzt werden können. Unter Einsatz nichtlinearer Methoden ist auch die Verwendung anderer Funktionstypen denkbar. Zum Beispiel entwickelten **Vasicek und Fong** (1982) und **Shea** (1985) Schätzverfahren, die auf exponentialen Splines basieren. Zwar beschreiben Vasicek und Fong ihr Schätzverfahren als lineares Modell, aber bei genauer Interpretation der Methodik zeigt sich, daß dennoch auf nichtlineare Optimierungsverfahren zurückgegriffen werden muß[33].

Neben den Spline-Verfahren existieren noch Schätzverfahren, bei denen die Diskontierungsfunktion bzw. die Zinsstruktur direkt durch eine einzige Funktion angepaßt wird. Von besonderer Bedeutung sind in dieser Hinsicht das Verfahren von **Chambers, Carleton und Waldman** (1984), in dem die Zinsstruktur durch ein einziges Polynom mittels eines nichtlinearen Verfahrens angepaßt wird, und das Verfahren von **Schaefer** (1981), in dem die Diskontierungsfunktion durch eine Linearkombination von Bernstein-Polynomen approximiert wird.

3.3.1. Approximation mit polynomialen Splines

Ausgangspunkt für diese Verfahren ist die Barwertgleichung unter Verwendung einer stetigen Diskontierungsfunktion d(t):

$$PV = \sum_{j=1}^{J} Z_j \cdot d(t_j) \tag{41}$$

[33] vgl. Shea (1985), S. 322ff.

Die Diskontierungsfunktion ist als Linearkombination von K Komponentenfunktionen f(t) definiert:

$$d(t) = 1 + \sum_{k=1}^{K} a_k \cdot f_k(t) \qquad \textbf{(42)}$$

Die Komponentenfunktionen haben folgende Eigenschaften:

- Alle $f_k(t)$ sind Polynome mit Grad ≤ 3
- Es gilt für alle k: $f_k(0) = 0$[34]

Im nächsten Schritt wird der Laufzeitbereich in eine bestimmte Anzahl von Intervallen unterteilt. Daraufhin werden die Komponentenfunktionen $f_k(t)$ über ein oder mehrere dieser Intervalle definiert, wobei gewährleistet sein muß, daß die Funktionswerte sowie die ersten und zweiten Ableitungen der Diskontierungsfunktion d(t) an den Intervallgrenzen (*Stützstellen*) übereinstimmen. Eine Menge von K Funktionen, die diese Eigenschaften aufweist, wird als *Spline-Basis* bezeichnet. Da die Menge aller zulässigen Spline-Basen unbeschränkt ist, bleibt es dem spezifischen Verfahren überlassen, eine nach bestimmten Kriterien besonders geeignete Basis zu bestimmen. Ebenso ist die Anzahl und die Anordnung der Stützstellen von Verfahren zu Verfahren verschieden.

McCulloch (1971, 1975) schlägt eine Unterteilung des Laufzeitbereiches in K−2 Intervalle, die jeweils gleich viele Zeitpunkte enthalten, an denen die Laufzeit einer Anleihe endet, vor. Die erste der K−1 Stützstellen liegt bei t = 0, die letzte Stützstelle liegt bei der größten Restlaufzeit im Untersuchungssample. Andere Varianten sehen eine fixe Vorgabe der Stützstellen bei ökonomisch besonders bedeutsamen Laufzeiten vor[35], um gerade dort von der speziellen funktionalen Vorgabe weitgehend unbeeinflußte Schätzergebnisse zu erhalten. Nachteilig kann sich dieser Ansatz jedoch auf sehr unvollständigen Märkten auswirken, wenn die Anzahl der auslaufenden Anleihen in einem Intervall zu klein wird

---

34 Diese Bedingung stellt sicher, daß d(0) = 1 unabhängig von den geschätzten Spline-Koeffizienten a_k gilt.

35 Litzenberger und Rolfo (1984) beispielsweise schlagen Stützstellen bei einem, fünf und zehn Jahren vor.

und dadurch die Regression aufgrund der singulären Zahlungsmatrix nicht durchgeführt werden kann.

Als Spline-Basis werden häufig die von McCulloch (1975) im Anhang exakt beschriebenen Funktionen verwendet. Mit dieser Basis werden in der Regel zufriedenstellende Schätzergebnisse nur bei relativ großen Anforderungen an die Rechengenauigkeit des Computers erzielt. Vor allem in Hinblick auf die Durchführung von Zinsstrukturschätzungen auf PC schlagen einige Autoren die Verwendung einer *B-Spline-Basis*[36] vor. Langetieg und Smoot (1989) zeigen anhand empirischer Ergebnisse für den US-Markt die Überlegenheit der B-Spline-Basis gegenüber der McCulloch-Basis und schlagen die Festlegung fixer Stützstellen im Sinne von Litzenberger und Rolfo (1984) vor.

3.3.2. Approximation mit exponentialen Splines

Wie bei den polynomialen Splines ist der Ausgangspunkt für diese Verfahren die Barwertgleichung unter Verwendung einer stetigen Diskontierungsfunktion d(t). Die Diskontierungsfunktion ist über eine nichtlineare Transformation der Laufzeit G(x) definiert:

$$x = 1 - e^{-\alpha t}\,; \qquad 0 \leq x < 1,\ \alpha \in \mathbb{R}$$

$$G(x) = d\left(-\frac{1}{\alpha}\cdot\ln(1 - x)\right) = d(t) \tag{43}$$

Die Transformation G(x) ist wiederum als Linearkombination von K Polynomen definiert:

$$G(x) = \sum_{k=1}^{K} a_k \cdot g_k(x) \tag{44}$$

Vasicek und Fong (1982) argumentieren, daß die Anpassung der Diskontierungsfunktion durch eine Exponentialfunktion eher der "ökonomischen Intuition" entspricht als direkte Anpassung durch ein Polynom. Allerdings ist das Schätzverfahren unter Verwendung von

---

36 vgl. Shea (1984) sowie Langetieg/Smoot (1989). Eine sehr ausführliche Beschreibung der Konstruktion von B-Splines und deren Anwendung für die Ermittlung der Zinsstruktur findet sich in Steeley (1991).

Kuponanleihen nicht mehr linear und von erheblicher Komplexität. Shea (1985) zeigt, daß exponentiale Splines nicht in der Lage sind, bessere Anpassungen zu erreichen als polynomiale Splines, wodurch keine Rechtfertigung für den deutlich erhöhten Rechenaufwand mehr besteht.

3.3.3. Approximation der Zinsstruktur durch ein Polynom

Diese Variante zur Ermittlung der Zinsstruktur wurde von **Chambers, Carleton und Waldman** (1984) vorgeschlagen. Im Gegensatz zu den Spline-Techniken, die die Diskontierungsfunktion stückweise approximieren, wird in diesem Verfahren die Zinsstruktur durch ein einziges Polynom mit Grad K angepaßt. Die Autoren argumentieren, daß gemäß dem Approximationstheorem von Weierstrass jede stetige Funktion durch ein Polynom mit beliebiger Genauigkeit angepaßt werden kann. Demzufolge ist die kontinuierliche Zinsstruktur definiert:

$$r(t) = \sum_{k=1}^{K} a_k \cdot t^{k-1} \tag{45}$$

Für die Diskontierungsfunktion gilt:

$$d(t) = e^{-\sum_{k=1}^{K} a_k \cdot t^k} \tag{46}$$

Daraus folgt die Schätzgleichung:

$$p_i = \sum_{j=1}^{J} Z_{ij} \cdot e^{-\sum_{k=1}^{K} a_k \cdot t_{ij}^k} + e_i \tag{47}$$

Die Parameter a_k können entweder mittels nichtlinearer Minimierung der quadratischen Preisabweichung oder durch Maximum-Likelihood Schätzung ermittelt werden. Dieses Verfahren stellt aufgrund der Nichtlinearität sehr große Anforderungen an die Rechenzeit eines PC, hat aber den Vorteil, (zumindest theoretisch) beliebig genaue Anpassungen der Zinsstruktur zu liefern. Dabei besteht allerdings die Gefahr der Überparametrisierung, d. h. bei einem sehr großen Grad des Polynoms haben Ausreißer in den Daten erheblichen Einfluß auf den Kurvenverlauf. Es wird daher sinnvoll sein, die Zinsstruktur durch ein Polynom dritten bzw. fünften Grades anzupassen[37].

3.3.4. Approximation der Diskontierungsfunktion durch ein Polynom

Alternativ zur Anpassung der *Zinsstruktur* durch ein Polynom kann auch eine direkte Approximation der *Diskontierungsfunktion* erfolgen. Dadurch kann bei geeigneter Wahl des zugrundeliegenden Polynoms ein monoton fallender Verlauf der Diskontierungsfunktion und damit Arbitragefreiheit im Sinne von (20) gewährleistet werden[38]. **Schaefer** (1981) schlägt dafür ein Verfahren vor, in dem die Diskontierungsfunktion d(t) analog zu den Spline-Verfahren als Linearkombination K+1 stetiger Komponentenfunktionen $f_k(t)$, die im Gegensatz zu den Spline-Funktionen über den gesamten Laufzeitbereich definiert sind, gegeben ist.

$$d(t) = \sum_{k=0}^{K} a_k \cdot f_k(t) \tag{48}$$

Die Komponentenfunktionen sind als Polynom mit Grad K definiert[39]:

$$f_0(t) = 1 \tag{49}$$

$$f_k(t) = \sum_{r=0}^{K-k} (-1)^{r+1} \cdot \binom{K-k}{r} \cdot \frac{t^{k+r}}{k+r} \qquad k = 1, \ldots, K \tag{50}$$

Dabei ist zu beachten, daß die Laufzeit t im Intervall von 0 bis 1 definiert ist. Bei der empirischen Schätzung müssen folglich alle Zahlungszeitpunkte mittels Division durch den

---

37 Bußmann (1989) kommt anhand seiner empirischen Befunde für die BRD zu analogen Schlußfogerungen.

38 vgl. Beer (1990), S. 42.

39 Das Polynom in (50) ist ein Bernstein-Polynom. Zu dessen Eigenschaften vgl. Schaefer (1981).

größten Zahlungszeitpunkt t_J skaliert werden. Um sicherzustellen, daß d(t) monoton fallend ist, und um zu gewährleisten, daß die Diskontierungsfunktion auf das Intervall $\langle 0,1]$ beschränkt ist, müssen folgende Nebenbedingungen erfüllt sein[40]:

$$a_k \geq 0 \qquad k = 0, \ldots, K \tag{51}$$

$$a_0 = 1 \tag{52}$$

$$\sum_{k=0}^{K} a_k \cdot f_k(1) \geq 0 \tag{53}$$

Schaefer (1981) verwendet zur Schätzung der Parameter a_k für britische Staatsanleihen unter Verwendung zusätzlicher Annahmen ein lineares Optimierungsmodell, das analog zu den heuristischen Verfahren in Abschnitt 3.2.2. auf einer willkürlichen Auswahlvorschrift beruht[41]. Auf kleinen, illiquiden Anleihemärkten scheint dieser Ansatz allerdings wenig zielführend zu sein. In dieser Arbeit wird in Anlehnung an das Verfahren von Chambers, Carleton und Waldman (1984) eine Minimierung des mittleren quadratischen Bewertungsfehlers[42] vorgenommen[43].

Anzumerken ist, daß das Verfahren von Schaefer auch ohne Beachtung der Nebenbedingungen und damit mit Einsatz einfacher nicht-beschränkter Optimierungsverfahren eine mit anderen Verfahren vergleichbare Qualität bei der Ermittlung der Zinsstruktur erzielt. Ob die Beachtung der Restriktionen auch von praktischer Relevanz ist, bleibt eine interessante, letztlich nur empirisch zu beantwortende Fragestellung.

---

40 vgl. Schaefer (1981).

41 Im LP-Ansatz von Schaefer gehen nur die relativ "billigsten" Anleihen in die Optimallösung ein.

42 Zur Diskussion über die Eignung der euklidischen Norm für Verfahren zur Ermittlung der Zinsstruktur vgl. Wilhelm und Brüning (1992).

43 Beer (1990) verwendet diese Methodik für eine Studie über den Schweizer Rentenmarkt. In dieser Arbeit wird die Zielfunktion unter Beachtung der Restriktionen mit dem *Algorithmus von Wolfe* minimiert.

3.4. Verfahren zur Schätzung der Renditestruktur

Alle Schätzungen der Renditestruktur haben Effektivverzinsung und Restlaufzeit für jedes Einzelwertpapier als Datenbasis. Die eigentliche Zahlungsstromstruktur geht nach dieser Aggregation nicht mehr direkt in das Ermittlungsverfahren ein. Einige Methoden versuchen daher, die Höhe des Kupons in das Schätzverfahren miteinzubeziehen, woraus allerdings eine dreidimensionale Renditestruktur folgt. Grundsätzlich verwendet jedes Verfahren ein (nicht unbedingt lineares) Regressionsmodell, das die Effektivverzinsungen der Anleihen durch eine bestimmte, in der Regel *stetige* Funktion ihrer Restlaufzeit erklärt.

Diese Modelle minimieren im Gegensatz zu den Zinsstrukturschätzungen nicht die *Preisabweichung*, sondern die *Renditeabweichung*. Unter Renditeabweichungen versteht man die Differenz aus den theoretischen Effektivverzinsungen, die sich durch Einsetzen der Restlaufzeiten in das geschätzte Regressionsmodell ergeben, und den beobachteten Effektivverzinsungen. In diesem Punkt liegt der große Nachteil dieser Verfahren, weil nicht die Summe der Preisabweichungen und damit die entscheidende Zielgröße minimiert wird. Die numerische Auswirkung dieses Sachverhaltes hängt allerdings sehr von der Zahlungsstromstruktur am Gesamtmarkt ab. Weisen alle (endfälligen) Anleihen einen identischen Kupon auf, ist das Problem vernachlässigbar. Es ist also eine Frage der empirischen Evidenz, ob die Preisabweichungen bei diesen zum Großteil recht einfachen Verfahren tatsächlich schlechter sind als bei den meist komplexeren Verfahren zur Schätzung der Zinsstruktur.

Die aus diesen Schätzmodellen resultierenden Verlaufsmuster der Renditestruktur entsprechen den eher intuitiv faßbaren Ansprüchen eines "glatten" Verlaufes. Dennoch kann durch Vorgabe dieser Verlaufsformen die Existenz von negativen forward rates nicht ausgeschlossen werden; eine nach diesen Verfahren geschätzte Renditestruktur ist also nicht notwendigerweise arbitragefrei. Unter Verwendung von Ungleichung (20) ist die Arbitragefreiheitsbedingung jederzeit durch Einsetzen des Schätzmodells und der entsprechenden Parameter überprüfbar.

Die einfachsten Methoden zur Schätzung der Renditestruktur gehen von einem linearen Regressionsmodell aus. Von besonderer Bedeutung sind hierbei das **Verfahren der Deutschen Bundesbank**, das **Verfahren der Österreichischen Kontrollbank**, das **Verfahren von Echols und Elliott**, die **Methode von Datastream** und die **REX-Methode**. Ein Nachteil dieser Verfahren ist, daß die Renditestruktur nur relativ eingeschränkten Verlaufmustern folgen kann. Insbesondere "bucklige" Zinskurven und ein "S"-förmiger Verlauf können aus der Struktur der Schätzmodelle heraus nicht dargestellt werden[44]. Auch das Grenzverhalten dieser Modelle läßt keine sinnvolle Interpretation der Renditestruktur in diesen Bereichen zu. Im allgemeinen ist für keines dieser Modelle die *short rate* (spot rate für $t \rightarrow 0$) und die *consol rate* (spot rate für $t \rightarrow \infty$) ökonomisch vernünftig definiert. Wesentlich flexibler sind in diesem Zusammenhang nichtlineare Modelle (z. B. die Verfahren von **Nelson und Siegel** oder **Haugen**), deren praktische Handhabung aber durch die Notwendigkeit, nichtlineare Optimierungsmodelle anzuwenden, deutlich eingeschränkt wird.

Abschließend soll noch erwähnt werden, daß neben den vorher genannten Verfahren zur Bestimmung einer *stetigen* Renditestruktur natürlich auch Verfahren zur Bestimmung der *diskreten* Renditestruktur angewendet werden. Diese Verfahren beruhen meist auf einer trivialen Durchschnittsbildung über die Effektivverzinsungen in vorgegebenen Restlaufzeitklassen, wobei logischerweise kaum Anforderungen an die Vollständigkeit des Marktes gestellt werden müssen. Den größten Grad der Verbreitung in Österreich und der BRD haben die von **Bloomberg** täglich bzw. real time berechneten diskreten Renditestrukturen.

---

[44] Diese Einschränkung gilt nicht für die REX-Methode. Über deren Nachteile siehe Abschnitt 3.4.5.

3.4.1. Das Verfahren der Deutschen Bundesbank

Die Deutsche Bundesbank modelliert in ihrem Schätzverfahren die fristigkeitsabhängige Effektivverzinsung als Funktion von Restlaufzeit und Kupon der Anleihe. Das konkrete Regressionsmodell lautet:

$$y_i = a_0 + a_1 \cdot RLZ_i + a_2 \cdot \ln(RLZ_i) + a_3 \cdot KUPON_i + a_4 \cdot \ln(KUPON_i) + e_i \quad (54)$$

y_i	Effektivverzinsung nach Gleichung (6)
RLZ_i	Restlaufzeit der Anleihe in Jahren
$KUPON_i$	Kupon der Anleihe in Prozent

Diese Form der Renditestruktur ist an sich nur dreidimensional darstellbar, weil für jede Kuponhöhe eine eigene Renditestruktur geschätzt wird. Aus diesem Grund wird nach erfolgter Schätzung in einem zweiten Schritt eine zweidimensionale Darstellungsform ermittelt, indem für alle Anleihen der Durchschnittskupon in das Modell (54) eingesetzt wird. Dies führt zu folgender Bestimmungsgleichung:

$$y_i = a_0^* + a_1 \cdot RLZ_i + a_2 \cdot \ln(RLZ_i)$$

$$a_0^* = a_0 + a_3 \cdot DKUPON + a_4 \cdot \ln(DKUPON) \quad (55)$$

DKUPON Ungewogenes arithmetisches Mittel aller in das Schätzmodell eingehender Kupons

Durch diese Vorgangsweise wird nicht mehr die eigentliche Renditeabweichung minimiert, sondern es wird versucht, die vorliegende Zahlungsstromstruktur indirekt in das Modell einfließen zu lassen, ohne dabei allerdings große numerische Auswirkungen zu erzielen. Es ist darauf hinzuweisen, daß die Deutsche Bundesbank bis 1983 die Renditestruktur ohne Einbeziehung des Kupons ermittelt hat.

Das dadurch vereinfachte Schätzmodell lautet:

$$y_i = a_0 + a_1 \cdot RLZ_i + a_2 \cdot \ln(RLZ_i) + e_i \tag{56}$$

Abbildung 3.1. (im Anhang) zeigt exemplarisch die möglichen Verlaufsformen einer mit dem Verfahren der Deutschen Bundesbank geschätzten Renditestruktur. Auffallend ist, daß ein "S"-förmiger Kurvenverlauf von der Struktur des Schätzmodells her ausgeschlossen ist, da die zweite Ableitung von (56) keine Nullstellen besitzt. Hinzuzufügen ist auch, daß die zusätzliche Restriktion $a_1 \geq 0$ erfüllt sein muß, weil sonst bei genügend großer Restlaufzeit negative spot rates auftreten. Soll auch Ungleichung (20) für alle Restlaufzeiten gelten, muß gewährleistet sein, daß folgende Bedingung erfüllt ist (Beweis im Anhang):

$$a_0 + a_2 \cdot \ln\left(- \frac{a_2}{2a_1} \right) > 0 \tag{57}$$

Vereinfachend könnte man nun die lineare Restriktion $a_2 \geq 0$ einführen, um eine Schätzung unter nichtlinearen Nebenbedingungen zu vermeiden. Damit wäre aber die Menge der möglichen Verlaufsmuster von neun auf vier Verlaufsformen eingeschränkt und ein fallender Verlauf der Renditestruktur ausgeschlossen. Es ist also nicht möglich, das Verfahren der Deutschen Bundesbank in vernünftiger Weise unter Verwendung linearer Nebenbedingungen anzuwenden. Man ist letztlich auf eine ex-post Überprüfung der Arbitragefreiheit von Ergebnissen einer unbeschränkten Schätzung angewiesen.

3.4.2. Das Verfahren der Österreichischen Kontrollbank

Im Gegensatz zur Deutschen Bundesbank verwendet die Österreichische Kontrollbank (ÖKB) die logarithmierten Effektivverzinsungen als abhängige Variable für das Schätzverfahren.

Das sogenannte "doppellogarithmische" Regressionsmodell lautet:

$$\ln(y_i) = a_0 + a_1 \cdot \ln(RLZ_i) + e_i \tag{58}$$

Diese Darstellungsform ist die Linearisierung folgender expliziter Darstellung:

$$y_i = e^{a_0} \cdot RLZ_i^{a_1} \tag{59}$$

Abbildung 3.2. zeigt die möglichen Verlaufsformen in Abhängigkeit von den geschätzten Parametern. Im unbeschränkten ÖKB-Modell gibt es nur fünf Verlaufsformen, wobei auch hier ein "S"-förmiger Kurvenverlauf nicht möglich ist. Allerdings liegt der Vorteil des ÖKB-Verfahrens in der Formel (20) entsprechenden Grundstruktur des Schätzmodells. Zunächst ist sichergestellt, daß die spot rates ohne Beschränkung der Parameter immer positive Werte annehmen. Um negative forward rates auszuschließen, muß lediglich die Restriktion $a_1 > -1$ erfüllt sein[45]. Dadurch bleiben aber alle fünf Grundverlaufsformen erhalten, vor allem aber die Möglichkeit eines konvex fallenden Kurvenverlaufs. Das Verfahren der Österreichischen Kontrollbank ist dem Verfahren der Deutschen Bundesbank in diesem Punkt überlegen, weil auch im beschränkten und damit eindeutig arbitragefreien Schätzmodell ein fallender Verlauf der Renditestruktur ermöglicht wird.

3.4.3. Das Verfahren von Echols und Elliott

Anschließend an die Diskussion der Problematik negativer forward rates in unbeschränkten Schätzmodellen soll ein Verfahren gezeigt werden, das auf der allgemeinen Lösung der aus (20) folgenden Differentialgleichung beruht. Echols und Elliott (1976) formulierten aus etwas anderen Überlegungen heraus folgende Schätzgleichung:

$$\ln(1 + y_i) = a_0 + a_1 \cdot RLZ_i + \frac{a_2}{RLZ_i} + e_i \tag{60}$$

---

45 Diese Aussage gilt sowohl für den Fall stetiger als auch für den Fall diskreter Verzinsung.

Dieses Verfahren hat den Vorteil, daß unabhängig von der Größe des Parameters a_2 negative forward rates für alle $t > 0$ ausgeschlossen sind. Problematisch ist bei dieser Modellformulierung jedoch der Umstand, daß für sehr kleine Laufzeiten die spot rates negative Werte annehmen, wenn der Parameter a_2 kleiner als Null ist. Aus diesem Grund stellt dieses Verfahren keine echte Verbesserung gegenüber anderen Schätzmethoden dar.

3.4.4. Die Methode von Datastream

Im international weit verbreiteten Informationssystem Datastream werden für weitestgehend alle Anleihemärkte der Welt sowie für einzelne Segmente aus diesen Märkten yield curves ermittelt. Das zugrundeliegende Schätzmodell ist das einfache kubische Polynom[46]:

$$y_i = a_0 + a_1 \cdot RLZ_i + a_2 \cdot RLZ_i^2 + a_3 \cdot RLZ_i^3 + e_i \qquad \textbf{(61)}$$

Im Gegensatz zu den Verfahren mit einem logarithmischen Term ist hier die short rate mit a_0 gegeben; die consol rate ist auch bei diesem Verfahren nicht definiert. Es gibt weiters keine linearen Nebenbedingungen, die gewährleisten, daß die spot rates und die forward rates für alle Laufzeiten positiv sind. Liegt der Renditestrukturschätzung mit dieser Methode ein Datenmaterial mit vielen Ausreißern zugrunde, ist zu erwarten, daß daraus ein stark "wellenförmiger" Verlauf der Zinskurve resultiert, wo bereits in einem mittleren Laufzeitbereich die Bedingung positiver forward rates nicht erfüllt sein könnte. Ein weiterer Nachteil dieser Methode liegt im vorgegebenen Kurvenverlauf mit möglicherweise zwei Extremstellen, der dann in keiner Weise der ökonomischen Intuition entspricht.

3.4.5. Die REX-Methode

Zur Berechnung des bekanntesten deutschen Rentenindex REX wird von der Frankfurter Wertpapierbörse eine eigene Methode zur Schätzung der Renditestruktur herangezogen.

---

46 Beer (1990) zitiert eine Dissertation von Capitelli (1983), der ein identisches Verfahren für den Schweizer Obligationenmarkt anwendet.

Dieses Verfahren bezieht in einer ersten Stufe vergleichbar dem Verfahren der Deutschen Bundesbank den Kupon der Anleihe in die Schätzung mit ein. Die Schätzgleichung lautet[47]:

$$y_i = a_0 + a_1 \cdot RLZ_i + a_2 \cdot RLZ_i^2 + a_3 \cdot RLZ_i^3 + \ldots$$
$$\ldots + a_4 \cdot \ln(RLZ_i) + a_5 \cdot KUPON_i + a_6 \cdot KUPON_i^2 + e_i \qquad (62)$$

Diese dreidimensionale Renditestruktur kann analog zum Verfahren der Deutschen Bundesbank auf eine zweidimensionale Darstellung zurückgeführt werden. Trotzdem bleibt die Zahl der zu schätzenden Parameter mit fünf noch immer sehr hoch. Dieses Verfahren ist überparametrisiert, d. h. Ausreißer in den Daten haben durch die flexible Gestaltung der Verlaufsform, vor allem aber durch den kubischen Term, einen sehr großen Einfluß auf das Glättungsverfahren.

Wiederum sind short rate und consol rate nicht ökonomisch definiert; auch ist hier die Sicherstellung der Arbitragefreiheit durch lineare Nebenbedingungen nicht möglich, und die äußerst flexible Struktur macht das Auftreten negativer forward rates bei partiell fallenden Zinskurven sehr wahrscheinlich.

3.4.6. Das Verfahren von Nelson und Siegel

Als Weiterentwicklung zu den vorliegenden linearen Schätzmodellen stellten Nelson und Siegel (1987) ein auf einer Laguerre-Funktion basierendes nichtlineares Schätzmodell vor. Die größten Verbesserungen liegen in der wesentlich flexibleren Struktur des Kurvenverlaufs und in der ökonomischen Interpretierbarkeit der short rate und der consol rate. Vor allem die Möglichkeit von "Buckeln" in der Zinskurve und die Konvergenz des Verlaufs gegen die einfach zu bestimmende consol rate lassen das Verfahren von Nelson und Siegel als interessante Verbesserung erscheinen.

---

47 Dieses Regressionsmodell entspricht im allgemeinen dem von Fisher (1966) für den Britischen Rentenmarkt vorgeschlagenen Ansatz. Der einzige Unterschied besteht darin, daß im Modell von Fisher zusätzlich noch der Term ln(KUPON$_i$) enthalten ist.

Ausgangspunkt für die Parameterschätzung ist folgende nichtlineare Regression:

$$y_i = a_0 + a_1 \cdot \frac{\tau}{RLZ_i} \cdot (1 - e^{-\frac{RLZ_i}{\tau}}) + a_2 \cdot e^{-\frac{RLZ_i}{\tau}} + e_i \tag{63}$$

Diese Regression ist linear in den Parametern a_0, a_1 und a_2, wobei a_0 der consol rate und die Summe $a_0 + a_1 + a_2$ der short rate entspricht. Der Parameter τ bestimmt den Kurvenverlauf und hat keine besondere ökonomische Interpretation[48].

Sollen die Parameter als Lösung eines nichtlinearen Optimierungsproblems bestimmt werden, so zeigt sich ein einfacher *grid search*, d. h. die Vorgabe von τ über ein bestimmtes Intervall in hinreichend kleinen Schritten und die Durchführung von OLS–Regressionen, komplexeren Optimierungsverfahren in puncto Rechenzeit doch deutlich überlegen. Verschiedene Autoren schlagen überhaupt eine a priori Bestimmung von τ vor. So könnte der Mittelwert bzw. der Median von τ aus einem nichtlinearen Modell über einen längeren Bestimmungszeitraum als fixer Wert für weitere Schätzungen herangezogen werden; Gleichung (63) ist dann auf ein OLS–Problem zurückgeführt. Nelson und Siegel (1987) schlagen anhand ihrer Untersuchung für Treasury Bills (01/81–10/83) ein τ von 0,1389 Jahren bzw. 50 Tagen vor. Sie zeigen, daß die Anpassungsqualität durch die Wahl eines fixen τ kaum verringert wird. Interessant ist, daß Röhrs (1991) für die BRD anhand von drei Untersuchungszeitpunkten für deutsche Bundesanleihen (03/81–03/89) mit wesentlich längerer Restlaufzeit ein τ von 0,6728 Jahren bzw. 242 Tagen ermittelt[49]. Für den österreichischen Rentenmarkt konnte in dieser Studie für die Schätzungen von τ ein Mittelwert von 1,86 bei einer Standardabweichung von 1,19 und ein Median von 1,51 beobachtet werden. In Tabelle 3.1. sind die Ergebnisse für τ quartalweise zusammengefaßt (vgl. dazu auch Abbildung 3.3. im Anhang).

---

48 Weder Nelson und Siegel noch spätere Autoren geben eine explizite Restriktion von τ an. Implizit wird jedoch immer von $\tau > 0$ ausgegangen. Das entspricht der Betrachtung von τ als Zeitpunkt, zu dem die laufzeitabhängigen Komponenten der Renditestruktur gegen Null zu streben beginnen.

49 Der Einwand von Röhrs, 1991, S.933, Nelson und Siegel hätten die Möglichkeit von $\tau < 1$ nicht in ihre Betrachtung einbezogen und dadurch möglicherweise eine suboptimale Anpassung erreicht, ist in diesem Zusammenhang unverständlich, weil bei korrekter Umrechnung der verwendeten Zeitmaße das τ bei Nelson und Siegel mit 50 Tagen (das übliche Zeitmaß bei T–Bills) einem τ von 0,1389 Jahren (das von Röhrs verwendete Zeitmaß) entspricht und auch kleiner als eins ist.

Quartal	τ
I/89	2,05
II/89	1,92
III/89	2,08
IV/89	2,18
I/90	1,90
II/90	1,57
III/90	1,67
IV/90	1,90
I/91	2,02
II/91	1,98
III/91	1,61
IV/91	1,57

Tabelle 3.1.: Arithmetisches Mittel der Schätzwerte für τ je Quartal für den österreichischen Rentenmarkt.

Erwähnenswert ist, daß die empirischen Untersuchungen von Röhrs (1991) für die BRD (Nelson/Siegel im Vergleich mit den Verfahren von Haugen und Vasicek) und von Brandner und Jaeger (1992) für Österreich (Nelson/Siegel im Vergleich mit den Verfahren der Deutschen Bundesbank und der Österreichischen Kontrollbank) jeweils das Verfahren von Nelson und Siegel als an verschiedenen Kriterien gemessen bestes Modell ausweisen.

Allerdings kann auch das Verfahren von Nelson und Siegel ohne Beschränkungen der Parameter nicht garantieren, daß keine negativen spot rates bzw. negativen forward rates auftreten. Die Restriktionen für short rate und consol rate sind zwar linear, aber es gibt Parameterkonstellationen, wo auch im mittleren Laufzeitbereich negative spot rates bzw. forward rates auftreten können. Es gibt auch hier keine sinnvolle lineare Parameterrestriktion, die Arbitragefreiheit garantiert, wobei die Überprüfung auf Arbitragefreiheit eine ungleich komplexere Aufgabe darstellt als beispielsweise beim Verfahren der Deutschen Bundesbank.

3.4.7. Die Anpassungsfunktion von Haugen

Haugen (1986) schlägt ein weiteres nichtlineares Modell zur Schätzung der Renditestruktur vor, ohne jedoch eine besondere ökonomische Begründung für die Wahl seiner Anpassungsfunktion zu geben. Besonders nachteilig wirkt sich hier die Tatsache aus, daß eine Linearisierung durch Vorgabe eines Parameters im Gegensatz zur Methode von Nelson und Siegel nicht möglich ist[50]. Die Regressionsgleichung ist gegeben mit:

$$y_i = a_0 + (a_1 + a_2 \cdot RLZ_i) \cdot e^{-a_3 \cdot RLZ_i} + e_i \qquad (64)$$

Durch Berechnung der Grenzwerte erhält man die Definition der short rate mit $a_0 + a_1$ und der consol rate mit a_0. Wie beim Verfahren von Nelson und Siegel ist es bei diesem Schätzverfahren nicht möglich, durch lineare Nebenbedingungen die Existenz negativer spot bzw. forward rates auszuschließen.

---

50 Die dadurch auftretenden Probleme bei der nichtlinearen Optimierung werden in Röhrs (1991) ausführlich diskutiert.

3.5. Die Anwendung von Gleichgewichtsmodellen

Bislang war die Betrachtung der verschiedenen Verfahren zur Ermittlung der Zinsstruktur lediglich auf empirisch–deskriptive Methoden eingeschränkt. In diesem Abschnitt soll ein kurzer Aufriß wesentlicher Erweiterungen in der Betrachtung der Zinsstruktur erfolgen, indem auch die Dynamik der Zinssätze im Zeitablauf in die Überlegungen miteinbezogen wird.

Der theoretische Überbau für die Formulierung von Hypothesen über den Verlauf der Zinsstruktur ist die auf Irving Fisher zurückgehende *Erwartungstheorie* (*expectations hypothesis*). Die "reine Form" der Erwartungstheorie (*pure expectations hypothesis*) sagt aus, daß die zu einem bestimmten Zeitpunkt durch die Zinsstruktur implizierten forward rates die unverzerrten Erwartungswerte für die in der Zukunft tatsächlich eintretenden spot rates sind. Theoretische Überlegungen und empirische Beobachtungen führten in den letzten Jahrzehnten zu weniger rigorosen und zweckdienlicheren Annahmen über den Verlauf der Zinsstruktur. **Cox, Ingersoll und Ross** (1985b) führten den Begriff *local expectations hypothesis* (LEH) ein und zeigten, daß nur diese, in ihrer Arbeit präzis ausformulierte Variante der Erwartungstheorie mit einem allgemeinen Gleichgewichtsmodell und mit Arbitragefreiheitsüberlegungen konsistent ist. Die LEH sagt aus, daß zu jedem beliebigen Zeitpunkt die Renditen aller Zerobonds über den nächsten infinitesimalen Zeitraum gleich der spot rate für diesen Zeitraum sind. Die Gültigkeit der LEH ist zentrale Voraussetzung für alle relevanten Gleichgewichtsmodelle und auch für die Anwendung des im folgenden beschriebenen Verfahrens zur Schätzung der Zinsstruktur.

3.5.1. Der Zinsänderungsprozeß

Der wesentliche Unterschied zwischen den einzelnen Gleichgewichtsmodellen liegt in der Annahme über den zugrundeliegenden Zinsänderungsprozeß. In dieser Arbeit sollen allerdings nur jene Modelle behandelt werden, bei denen ein Zusammenhang zu konkreten

Verfahren zur Ermittlung der Zinsstruktur besteht[51]. Ausgangspunkt für die in dieser Hinsicht bedeutendsten Modelle ist die Beschreibung der Zinsdynamik über einen einzigen Referenzzinssatz – der *short rate* s – in stetiger Zeit. Die short rate ist die spot rate für eine gegen Null strebende Laufzeit, und durch den Verlauf dieses Zinssatzes ist aus Arbitrageüberlegungen heraus die gesamte Zinsstruktur determiniert. **Vasicek** (1977) beschreibt die Entwicklung der short rate als *Ornstein–Uhlenbeck–Prozeß*:

$$ds = \kappa \cdot (\mu - s) \cdot dt + \sigma \cdot d\omega \qquad \textbf{(65)}$$

ds	Infinitesimaler Zuwachs von s
dt	Infinitesimaler Zuwachs der Zeit
$d\omega$	Standard–Wiener–Prozeß
μ, κ, σ	Prozeßparameter

Dieser Prozeß ist *mean–reverting*, d.h. die short rate s bewegt sich stochastisch um einen langfristigen Durchschnitt μ, wobei κ die Intensität der mean-reversion ist, und σ^2 die konstante Varianz der zufälligen Zuwächse $\sigma d\omega$ angibt. Die Beschreibung der Zinsdynamik als Ornstein–Uhlenbeck–Prozeß, dem stetigen Äquivalent zu einem AR(1)–Prozeß, ist empirisch einigermaßen plausibel, obwohl eine positive Wahrscheinlichkeit für das Auftreten negativer short rates gegeben ist[52]. Der Vorteil dieses Ansatzes liegt in der relativ einfachen Ableitung der Abhängigkeit der Zinsstruktur von den Parametern des Prozesses. Vasicek (1977) zeigt, daß auf arbitragefreien Märkten die Zinsstruktur r(t) in folgender Form eindeutig gegeben sein muß:

$$r(t) = c + \frac{(s - c)}{\kappa t} \cdot (1 - e^{-\kappa t}) + \frac{\sigma^2}{4\kappa^3 t} \cdot (1 - e^{-\kappa t})^2 \qquad \textbf{(66)}$$

c consol rate (spot rate für $t \rightarrow \infty$)

---

51 Ein einführender systematischer Überblick über verschiedene stetige Gleichgewichtsmodelle findet sich in Bierwag (1989) und für diskrete Modelle in O'Brien (1991). Eine sehr eingehende Diskussion verschiedener Modelle findet sich auch in Sandmann (1991).

52 Eine Verbesserung in dieser Hinsicht stellt der von Cox, Ingersoll und Ross (1985b) vorgeschlagene Square–Root–Prozeß dar, bei dem die Existenz negativer Zinssätze ausgeschlossen ist.

Die *consol rate* c ist ebenfalls als Funktion der short rate s der Prozeßparameter μ, κ und σ determiniert[53], wodurch eine Bestimmung der Zinsstruktur durch Schätzung der Prozeßparameter durch ein Zeitreihenmodell ermöglicht wird.

3.5.2. Anwendung des Modells von Vasicek[54]

Will man analog zu den anderen Verfahren, die in dieser Arbeit beschrieben werden, eine nur auf die Informationen eines einzigen Zeitpunktes bezogene Ermittlungsmethode finden, kann Gleichung (66) auch als nichtlineare Regression betrachtet werden:

$$r(t) = a_0 + a_1 \cdot \frac{1 - e^{-\kappa t}}{\kappa t} + a_2 \cdot \frac{(1 - e^{-\kappa t})^2}{4\kappa^3 t} + e \qquad (67)$$

a_0	consol rate
a_1	term spread (consol rate minus short rate)
a_2	Varianz der short rate

Der Parameter κ kann wie das τ in der Regression von Nelson und Siegel (1989) als eine den Kurvenverlauf bestimmende Größe interpretiert werden. Herausragender Vorteil dieses Ansatzes ist die ökonomische Interpretierbarkeit der Modellparameter, da neben short rate und consol rate zusätzlich die Varianz der short rate und damit die Zinsvolatilität modellendogen bestimmt wird. Ergebnisse dieses Schätzverfahrens können direkt zur Preisfindung von Zinsoptionen oder Optionen auf zinsabhängige Wertpapiere verwendet werden[55].

Eine wesentliche Einschränkung in der Anwendung dieses Verfahrens ist dadurch gegeben, daß lediglich Preise und Laufzeiten von Zerobonds als Inputgrößen für diese Regression verwendet werden dürfen. Auf Märkten mit Kuponanleihen kann man sich mit einer

---

53 vgl. Vasicek (1977), Gleichung (28), S. 186.

54 Zur empirischen Implementierung des Modells von Cox, Ingersoll und Ross vgl. Brown und Dybvig (1986) bzw. Chan, et al. (1992).

55 vgl. u.a. Hull und White (1990) und Jamshidian (1989).

Näherung behelfen, bei der die Effektivverzinsungen der Anleihen und deren Restlaufzeit als Surrogat für die nicht existierenden Zerobonds herangezogen werden. Damit ist das tatsächlich durchgeführte Verfahren eigentlich ein Verfahren zur Ermittlung der Renditestruktur, und es ist wiederum eine nur empirisch zu beantwortende Frage, ob die getroffenen Vereinfachungen akzeptable Ergebnisse ermöglichen. Das vereinfachte Schätzmodell lautet[56]:

$$y_i = a_0 + a_1 \cdot \frac{1 - e^{-\kappa \cdot RLZ_i}}{\kappa \cdot RLZ_i} + a_2 \cdot \frac{(1 - e^{-\kappa \cdot RLZ_i})^2}{4\kappa^3 \cdot RLZ_i} + e \tag{68}$$

Dieses nichtlineare Regressionsmodell kann analog zum Verfahren von Nelson und Siegel durch ein geeignetes nichtlineares Optimierungsverfahren oder durch schrittweise Vorgabe von κ mittels grid search gelöst werden. Zusätzlich sollte noch beachtet werden, daß unter Umständen der Schätzwert für a_2, der Varianz des Zinsänderungsprozesses, negative Werte annehmen kann. Damit wäre keine reelle Zinsvolatilität gegeben, und die Ergebnisse der Schätzung wären nicht mehr ökonomisch interpretierbar. Eine zusätzliche Restriktion $a_2 \geq 0$ könnte durch Erweiterung der Zielfunktion durch eine Penalty–Funktion im Rahmen einer unbeschränkten Optimierungsaufgabe relativ einfach implementiert werden.

Es muß an dieser Stelle darauf hingewiesen werden, daß die Schätzung von Modellparametern für Gleichgewichtsmodelle natürlich nicht *ausschließlich* aus der *cross section* der Daten, d.h. aus den Zahlungsströmen und Preisen an *einem* bestimmten Zeitpunkt, zu erfolgen hat. In der Regel ist es sinnvoll, auch Informationen über den zeitlichen Ablauf der Anleihepreise mit in die Schätzung einzubeziehen, denn der Grundbaustein dieser Ansätze ist eigentlich die Modellierung des Zinsänderungsprozesses. Eine Erweiterung der bestehenden Ansätze um zeitreihenanalytische Verfahren in Verbindung mit der Parameterschätzung von Gleichgewichtsmodellen geht allerdings sowohl inhaltlich als auch

56 vgl. Röhrs (1991).

methodisch über den Rahmen der Problemstellung dieser Arbeit hinaus[57].

3.6. Diskussion empirischer Befunde für bedeutende Rentenmärkte

Die Frage einer umfassenden Evaluierung verschiedener Verfahren zur Ermittlung der Zinsstruktur wurde in der Literatur eher selten gestellt. Eine empirische Überprüfung der Anwendbarkeit wird von vielen Autoren (z.B. McCulloch, 1971) nur speziell für das von ihnen neu vorgestellte Verfahren durchgeführt, ohne die Ergebnisse mit anderen Verfahren zu vergleichen. Manche Autoren (z.B. Vasicek und Fong, 1982) beschränken sich überhaupt nur auf die Beschreibung der "theoretischen" Vorteile ihres Verfahrens. In anderen Arbeiten werden wiederum nur punktuell einzelne Kriterien überprüft; so beschreiben Chambers, Carleton und Waldman (1985) bzw. Röhrs (1991) nur die Signifikanz der geschätzten Parameter, Brown und Dybvig (1986) untersuchen nur das Verhalten der geschätzten Parameter im Zeitablauf. Dadurch ist es sehr schwer, einen umfassenden Überblick über empirische Ergebnisse bezüglich der wichtigsten Kriterien, vor allem der Qualität der Preisanpassung, zu geben.

Es existieren auch für den US-Anleihemarkt[58] nur sehr wenige umfassende Untersuchungen, in denen die Qualität der Preisanpassung von mehreren Verfahren anhand eines einheitlichen Datensets untersucht wird. Ausführliche Untersuchungen in diesem Sinne

---

57 Einen umfassenden Überblick über die bedeutendsten Gleichgewichtsmodelle und die Ansätze zu einer empirischen Implementierung geben Chan, et. al. (1992). Spezielle empirische Ansätze finden sich z.B. in Longstaff und Schwartz (1993) bzw. in Uhrig und Walter (1993). Es ist auffallend, daß sich in der Literatur sehr unterschiedliche Zugänge zur Schätzung der Modellparameter etabliert haben. Die einzelnen Verfahren unterscheiden sich hauptsächlich dadurch, wieviele Parameter aus der cross section und wieviele Parameter aus einer Zeitreihe geschätzt werden. Ein erster empirischer Vergleich zwischen diesbezüglich unterschiedlichen Methoden findet sich erstmals in De Munnik und Schotman (1992).

58 Auszuklammern ist hier die Untersuchung von Nelson und Siegel (1987), die das dort vorgestellte Verfahren nur für den Markt für Treasury Bills testen.

finden sich in Langetieg und Smoot (1989), wo Approximationsverfahren mit polynomialen und exponentialen Splines in mehreren Sub-Varianten sehr genau verglichen werden, und in Buono, Gregory-Allen und Yaari (1992). Letztere untersuchen, allerdings ausgehend von einem vollständigen Modellmarkt, die Preisanpassungsfehler drei verschiedener Verfahren mittels Monte-Carlo Simulation der Anleihepreise.

In Deutschland, Österreich und der Schweiz finden sich vergleichsweise viele Untersuchungen, die eine systematische Evaluierung der verschiedenen Schätzverfahren zum Ziel haben. In der BRD (Anleihen des Bundes, der Bahn und der Post) führte zunächst Bußmann (1989) einen Vergleich der Verfahren von Carleton und Cooper (1976), Chambers, Carleton und Waldman (1985), Shea (1985) und des Verfahrens der Deutschen Bundesbank durch. Vor allem die äußerst schlechten Ergebnisse für das Verfahren von Carleton und Cooper waren Anlaß für deutliche Kritik an der konkret angewendeten Methode. Lassak (1990, 1991) zeigt anhand einer wesentlich verbesserten Implementation des Verfahrens von Carleton und Cooper, daß die von Bußmann ermittelten Preisabweichungen offensichtlich rein verfahrensbedingt um das dreißigfache höher lagen als in der Untersuchung von Lassak. Eine Untersuchung in bezug auf die Anwendung von Spline-Verfahren auf dem Deutschen Rentenmarkt ist in Bühler und Schulze (1991) veröffentlicht. Dort dienen die Zinsstrukturschätzungen als Grundlage für die Entwicklung eines Trinomialmodells zur Bewertung von kündbaren Anleihen.

Für die Schweiz (Anleihen der Eidgenossenschaft) liegt eine sehr ausführliche Studie von Deppner und Kischka (1990) vor, in der die Preisabweichungen für die Verfahren von Carleton und Cooper (1976), Vasicek und Fong (1985), Shea (1985), Chambers, Carleton und Waldman (1985) und Schaefer (1981) verglichen werden. Demgegenüber erscheinen die Ergebnisse der Studie von Beer (1990) eher zweifelhaft zu sein. Beer untersucht das Verfahren von Schaefer in mehreren Varianten im Vergleich zu einer Renditestrukturschätzung und gelangt zu Preisabweichungen, die um ein Vielfaches über den Ergebnissen von Deppner und Kischka liegen[59].

---

[59] Mögliche Erklärungen dafür sind die Verwendung nur eines einzigen Untersuchungszeitpunktes und die Verwendung von Anleihen internationaler Entwicklungsbanken im Gegensatz zu den Anleihen der Eidgenossenschaft in Deppner und Kischka (1990).

Erste Ergebnisse für den österreichischen Rentenmarkt liegen erst seit kürzerer Zeit vor. Zirknitzer (1991) berechnete die Preisabweichungen für das Verfahren von Carleton und Cooper unter Heranziehung einer möglichst breiten Datenbasis (Anleihen des Bundes und der Banken; Verwendung von nicht mehr aktuellen Kursen bei wenig liquiden Anleihen). Die Preisabweichungen bei diesem Verfahren und auch bei dem dort verwendeten Kontrollverfahren (ÖKB-Methode) von mehr als 60 Basispunkten lassen die Verwendung nicht aktueller Kurse als wenig sinnvolle Alternative erscheinen. Ein erster Vergleich unterschiedlicher Verfahren findet sich in Brandner (1993). Neben einem kurzen theoretischen Vergleich mehrerer Verfahren werden auch Schätzergebnisse für einen einzigen Untersuchungstag in graphischer Form präsentiert. Brandner zeigt Renditestrukturschätzungen nach der ÖKB-Methode und nach Nelson und Siegel sowie Zinsstrukturschätzungen mit kubischen und exponentialen Splines unter Verwendung verschiedener Verfahren zur Knotenplazierung. Leider wird kein numerischer Vergleich der Preisabweichungen zwischen den einzelnen Verfahren präsentiert.

In Tabelle 3.2. ist eine Auswahl der bedeutendsten Ergebnisse nach den einzelnen Untersuchungen geordnet zusammengefaßt, wobei vor allem auf jene Verfahren Augenmerk gelegt wurde, die auch in dieser Arbeit Gegenstand der Untersuchungen sind. Es muß ausdrücklich darauf hingewiesen werden, daß aufgrund der sehr stark differierenden Untersuchungsmethoden und der unterschiedlichen Sub-Varianten bei den einzelnen Verfahren eine Vergleichbarkeit der Ergebnisse nur sehr eingeschränkt gegeben ist.

Studie	Markt	Zeitraum[a]	Verfahren	Ergebnis[b]
Bußmann (1989)	BRD	01/78 – 06/86	CC[c]	175.2
			CCW3[d]	31.6
			CCW5	27.2
			DRM[e]	41.2
Lassak (1990, 1991)	BRD	09/79 – 09/88	CC	6.2
Bühler/Schulze (1991)	BRD	01/68 – 12/78	CSPL[i]	35.3
Deppner/Kischka (1990)	Schweiz	01/90 – 09/90	CC	79.8
			SCH6[f]	23.1
			CCW3	25.0
Beer (1990)	Schweiz	31.3.1989	SCH4	111.2
			SCH6	107.6
			DATA[g]	125.2
McCulloch (1971)	USA	01/47 – 12/50	QSPL[h]	15.9
		01/51 – 12/61	QSPL	4.6
		01/62 – 01/66	QSPL	9.0
Langetieg/Smoot (1989)	USA	07/73 – 06/81	CSPL[i]	27.7
			BSPL[j]	27.3
Buono et al. (1992)	Simulation[l]	–	CC	8.0
			CCW	14.3
Brandner (1993)	Österreich	29.10.1991	Shea[k]	16.1

Tabelle 3.2.: Auszugsweise Zusammenfassung der empirischen Ergebnisse bedeutender Untersuchungen zur Evaluierung von Verfahren zur Ermittlung der Zinsstruktur.

[a]) Monatliche Beobachtungen.
[b]) Mean Standard Deviations (MSD) in Basispunkten mit Ausnahme von Buono, et al. und Bühler/Schulze wo Mean Absolute Deviations (MAD) angegeben sind.
[c]) Carleton und Cooper (1976).
[d]) Chambers, Carleton und Waldman (1985); die angefügte Zahl gibt den Grad des in der Schätzung verwendeten Polynoms an.
[e]) Verfahren der Deutschen Bundesbank.
[f]) Schaefer (1981); die angefügte Zahl gibt den Grad des in der Schätzung verwendeten Polynoms an.
[g]) Verfahren von Datastream.
[h]) Quadratische Splines nach McCulloch (1971); die MSD werden dort nur *nach* Transaktionskosten angegeben und sind tatsächlich um ein vielfaches größer.
[i]) Kubische Splines nach McCulloch (1975) mit der Knotenplazierung nach Litzenberger und Rolfo (1984).
[j]) B–Splines nach Langetieg und Smoot (1989) mit der Knotenplazierung nach Litzenberger und Rolfo (1984).
[k]) Exponentiale Splines nach Shea (1985).
[l]) Daten eines simulierten Modellmarktes.

4. Schätzung der Zinsstruktur in Österreich

In diesem Abschnitt soll eine systematische Evaluierung von Verfahren zur Ermittlung der Zinsstruktur in Hinblick auf die Anwendbarkeit auf dem österreichischen Rentenmarkt erfolgen. Die Ergebnisse dieser Evaluierung sind natürlich in erster Linie für den österreichischen Anleihemarkt von Interesse, allerdings sollten einige Schlußfolgerungen auch auf andere Rentenmärkte mit vergleichbarer Struktur übertragen werden können. Aus diesem Grund werden in Abschnitt 4.1. die Spezifika des österreichischen Anleihemarktes näher beschrieben.

In Abschnitt 4.2. kann eine Einschränkung der empirischen Untersuchung auf den Markt für österreichische Bundesanleihen begründet werden. Die aus den Stammdaten und Kursbeobachtungen dieser Bundesanleihen bestehende Datenbasis wird in diesem Teil der Arbeit detailliert beschrieben. Eine Diskussion über Einsatzmöglichkeiten der zu untersuchenden Verfahren im allgemeinen und eine Beschreibung der in der Untersuchung verwendeten Varianten findet sich in Abschnitt 4.3.

Die Ergebnisse der Untersuchung werden in Abschnitt 4.4. präsentiert. Der logische Aufbau dieser Darstellung orientiert sich an den in 2.4. entwickelten Kriterien zur Beurteilung von Schätzverfahren; die dazugehörenden Abbildungen sind dem Anhang zu entnehmen. Eine Interpretation der Ergebnisse und der Versuch, erste Schlußfolgerungen zu ziehen, erfolgt schließlich in Abschnitt 4.5.

4.1. Spezifika des österreichischen Rentenmarktes

So wie alle Bereiche des österreichischen Kapitalmarktes erfuhr auch der Rentenmarkt umwälzende Veränderungen während des letzten Jahrzehnts. Bemerkenswert ist vor allem die enorme Zunahme des Umlaufvolumens und des Emissionsvolumens selbst unter Berücksichtigung der Inflationsrate und die Vervielfachung der Umsätze sowohl im börslichen als auch im außerbörslichen Bereich. Ein Großteil dieser Entwicklungen hat sich in den letzten Jahren zunehmend beschleunigt, wobei diese Situation nicht nur durch einen stark wachsenden Kapitalbedarf z.B. der Öffentlichen Hand, sondern auch durch eine Reihe externer Ereignisse begründet werden kann. Besonders hervorzuheben sind in diesem Zusammenhang die Einführung eines neuen *Tenderverfahrens* (Renditetender) bei der Emission von Bundesanleihen im Jahr 1991 und die Einführung von *Futureskontrakten* an der ÖTOB im Jahr 1993.

Auch die Konstruktion der Kapitalmarktinstrumente paßte sich in den letzten Jahren zunehmend internationalen Standards an. So werden beispielsweise seit 1986 vom Bund keine *Anleihen mit Serientilgung*[60], die aufgrund ihrer eigentümlichen Konstruktion in der Regel sehr illiquid sind, mehr emittiert. Auf der anderen Seite konnten die seit 1986 emittierten *Bundesschatzscheine* die sich am kurzen Ende des Laufzeitspektrums ergebende "Lücke" sehr erfolgreich schließen. Diese an den Geldmarktzinssatz VIBOR gekoppelten Floating Rate Notes sind vor allem für ausländische Investoren ein sehr attraktives Marktsegment.

Die *Schuldnerstruktur* am Rentenmarkt blieb jedoch im Verlauf der letzten Jahre im großen und ganzen erhalten. Den größten Anteil am Umlaufvolumen nehmen Bundesanleihen und Anleihen der Sondergesellschaften des Bundes ein; die zweite große Gruppe bilden die Anleihen der Kreditinstitute, während Industrieanleihen mit weniger als 5% des Umlaufvolumens in Österreich weiter ohne Bedeutung bleiben. Eine echte *Liquidität* besitzen im Prinzip nur jene Bundesanleihen, für die die Teilnehmer am Renditetender für

---

60 Zur Analyse des "unechten" Tilgungsterminrisikos bei Anleihen mit Serientilgung vgl. Uhlir und Steiner (1991), S. 49ff.

Bundesanleihen verpflichtet sind, in Reuters Quotes zu stellen, wobei aber auch in anderen Bundesanleihen zum Teil ein reger Handel stattfindet. Allerdings sind Bundesanleihen mit sehr kleiner Restlaufzeit (weniger als eineinhalb Jahre) fast völlig illiquid.

Bundesanleihen sind daher das einzige Marktsegment, für das aus Gründen der Liquidität überhaupt Schätzungen der Zinsstruktur durchgeführt werden können. Es werden aber auch in einem an sich vollständigen Anleihemarkt immer dann Probleme auftreten, wenn nicht für alle Papiere an einem Börsetag Marktpreise beobachtet werden können. Verschärft wird dies zusätzlich dadurch, daß nur ca. 5% - 6% des Gesamtumsatzes in österreichischen Anleihen tatsächlich über die Börse erfolgt. Es zeigt sich aber in diesem Zusammenhang, daß eine Verwendung von Market Maker Quotes aus Reuters zu keiner echten Verbesserung führt, da nur für einen sehr kleinen Teilmarkt von etwa 20 - 25 Papieren überhaupt Kurse gestellt werden[61]. Bei der Ermittlung der Zinsstruktur muß daher beachtet werden, daß die Tilgungstermine für jene Anleihen, für die in welcher Form auch immer Marktpreise beobachtet werden können, sich gleichmäßig über das Laufzeitspektrum verteilen.

Ein weiteres, für die Anwendbarkeit von Ermittlungsverfahren zur Bestimmung der Zinsstruktur wesentliches Spezifikum des österreichischen Anleihemarktes ist die Verteilung der Kupontermine über das Kalenderjahr. Während auf vielen Märkten Kuponzahlungen standardisiert nur an bestimmten Tagen, wie z.B. jeden 1. oder 15. eines Monats, erfolgen können, existiert für den österreichischen Rentenmarkt keine Standardisierung. Daraus folgt, daß in Österreich die Kupontermine ziemlich gleichmäßig über das Jahr verteilt

---

[61] Außerdem muß sehr stark bezweifelt werden, ob die Quotes der Market Maker als "echte" Marktpreise betrachtet werden dürfen. So konnte man z.B. am 25.10.1993 um 12.00 in Reuters für die Bundesanleihe 38280 unter anderem folgende bid/ask-spreads beobachten:

Bank Austria Investment Bank:	99.55 - 99.65
Bank Austria:	99.40 - 99.50

Bei Gültigkeit der Quotes hätte man durch Kauf bei der Bank Austria und gleichzeitigen Verkauf bei der BAIB einen free lunch von fünf Basispunkten je Nominale 100 ***nach*** Transaktionskosten erzielen können. Solche scheinbaren Arbitragesituationen können dadurch erklärt werden, daß die Market Maker nur für einige wenige Papiere *verpflichtende* Quotes (allerdings auch nur bis zu einem Limit von 20 Mio. Schilling) stellen müssen.

sind[62], wodurch bei der gegebenen Anzahl von wenigen hundert sich im Umlauf befindlicher festverzinslicher Anleihen eine *Vollständigkeit des Marktes* bei exakter Beachtung der Kupontermine allein aus diesem Grund nicht gegeben sein kann[63].

Tabelle 4.1. faßt die Entwicklung des Umlaufvolumens und des Emissionsvolumens seit 1960 zusammen und Tabelle 4.2. gibt einen Überblick über die Entwicklung der Umsätze seit 1970 (vgl. dazu auch Abbildungen 4.1. und 4.2. im Anhang).

Jahr	Umlaufvolumen[a]	Emissionsvolumen[a]	UV: Basis 1960[b]
1960	16.3	3.0	100
1970	42.3	5.9	175
1980	234.7	41.6	657
1989	542.6	87.8	1067
1990	596.1	84.5	1127
1991	661.1	97.5	1201

Tabelle 4.1.: (Quelle: ÖKB und OeNB)
Entwicklung des Umlaufvolumens und des Bruttoemissionsvolumens am österreichischen Rentenmarkt seit 1960.

[a]) Werte zum Jahresultimo in Milliarden öS.

[b]) Umlaufvolumen inflationsbereinigt auf Basis 1960 = 100.

62 Eine detaillierte Beschreibung der Verteilung der Kupontermine über das Kalenderjahr in Österreich findet sich in Zirknitzer (1991).

63 Dem ist noch hinzuzufügen, daß eine Änderung dieses Zustandes beispielsweise durch eine Standardisierung der Neuemissionen erst in mehr als zehn Jahren erste Auswirkungen hätte, denn solange werden großteils vorher emittierte unstandardisierte Papiere im Umlauf sein.

Jahr	Gesamtumsatz[a]	Börsenumsatz[a]	in % [b]
1970	6.7	1.9	27.8
1980	44.9	6.3	14.0
1989	243.8	11.5	4.7
1990	435.5	23.0	5.3
1991	497.7	29.6	6.0

Tabelle 4.2.: (Quelle: ÖKB)

Entwicklung der Gesamtumsätze und der Börsenumsätze am österreichischen Rentenmarkt seit 1970.

[a]) Werte mit Doppelzählung in Milliarden öS.

[b]) Anteil des Börsenumsatzes am Gesamtumsatz.

4.2. Beschreibung der Datenbasis

Ausgehend von den im vorangehenden Abschnitt beschriebenen Spezifika des österreichischen Rentenmarktes wurde zur Durchführung der empirischen Untersuchung eine für Österreich repräsentative Datenbasis zusammengestellt. Um die in Abschnitt 2.4. entwikkelten Kriterien zur Überprüfung von Schätzverfahren anwenden zu können, sollte die ausgewählte Datenbasis folgende Eigenschaften aufweisen:

- Die Anleihen müssen *sichere Zahlungsströme* sein.
- Die beobachteten Kurse sollten *echte Marktpreise* sein.
- Es soll eine für die Schätzungen *ausreichende Anzahl von Anleihen* gegeben sein.
- Es soll eine *ausreichende Anzahl von Beobachtungen* gegeben sein.
- Es sollen *tägliche Beobachtungen* für die Untersuchung herangezogen werden.

Zunächst wurde der Untersuchungszeitraum auf die Kalenderjahre 1989, 1990 und 1991 eingeschränkt; damit stehen Beobachtungen für 741 Börsentage zur Verfügung. Es muß an dieser Stelle noch einmal darauf hingewiesen werden, daß eine hohe Beobachtungsfrequenz vor allem für die Beurteilung des Verhaltens von geschätzten Zinssätzen im Zeitablauf unbedingt notwendig ist. Innerhalb des gegebenen Untersuchungszeitraumes notierten an der Wiener Börse etwa 1.500 festverzinsliche Wertpapiere in Schilling, aus denen zunächst alle Anleihen mit variabler Verzinsung, alle Pfandbriefe und alle Anleihen mit besonderen Kontraktmerkmalen[64] aus der Untersuchung eliminiert wurden. Um auch ein mögliches Bonitätsrisiko und damit unter Umständen verbundene *credit spreads* auszuschließen, wurden ausschließlich Bundesanleihen in die Untersuchung miteinbezogen[65]. Von den Bundesanleihen wurden noch Anleihen mit Kündigungsklauseln[66] und

---

64 Dazu zählen Options- und Wandelanleihen, Doppelwährungsanleihen und indizierte Anleihen.

65 Es ist fraglich, ob für Anleihen der Länder und der Sondergesellschaften des Bundes das Bonitätsrisiko zu berücksichtigen ist. Die Einschränkung auf Bundesanleihen ist allerdings international üblich, und dadurch ist auch eine bessere Vergleichbarkeit der Ergebnisse z.B. mit der Arbeit von Brandner (1993) möglich.

66 Anleihen mit Kündigungsklausel sind keine sicheren Zahlungsströme. Eine Barwertermittlung ist für diese Anleihen nur mittels einer Bewertung des impliziten Optionsrechts möglich.

Anleihen mit Serientilgung[67] aus dem Sample ausgeschlossen; damit kommen etwa 70 Anleihen für den Untersuchungszeitraum in Betracht.

Für die empirische Untersuchung ist allerdings nicht die Anzahl der notierten Wertpapiere, sondern die Anzahl der tatsächlich an einem Börsetag gehandelten Anleihen entscheidend. Es zeigt sich, daß vor allem zu Beginn der Untersuchungsperiode oft über weite Strecken kaum mehr als zehn Papiere an einem Tag an der Börse gehandelt wurden. Allerdings ist gegen Ende des Untersuchungszeitraumes eine deutliche Zunahme der Anzahl der gehandelten Anleihen zu verzeichnen. Tabelle 4.3. faßt diese Entwicklung im Zeitablauf zusammen (vgl. dazu auch Abbildung 4.4. im Anhang):

Quartal	Anleihen
I/89	10,8
II/89	11,9
III/89	9,0
IV/89	13,8
I/90	14,3
II/90	14,2
III/90	16,3
IV/90	20,5
I/91	21,2
II/91	16,9
III/91	16,9
IV/91	19,1

Tabelle 4.3.: Anzahl der im Durchschnitt pro Tag an der Wiener Börse gehandelten unkündbaren, festverzinslichen Bundesanleihen mit einmaliger Tilgung.

---

67 Diese Anleihen lassen sich zwar ökonomisch als sichere Zahlungsströme interpretieren, werden jedoch aus Gründen der Einheitlichkeit eliminiert. Aufgrund der sehr geringen Liquidität dieser Anleihen dürfte dieser Vorgang nur marginale Auswirkungen auf die Ergebnisse der empirischen Untersuchung haben. Es muß allerdings angemerkt werden, daß die Vollständigkeit eines Modellmarktes beim Verfahren von Carleton und Cooper bei gegebenen Anleihen mit Serientilgung wesentlich leichter herzustellen ist.

Eine mögliche Alternative zur Verwendung von Börsekursen wäre die Heranziehung von Quotierungen der Market Maker am OTC-Markt. Zum einen sind jedoch Daten vom OTC-Markt über zurückliegende Zeiträume kaum verfügbar, zum anderen werden nur für ca. 20-25 Anleihen regelmäßig Quotes gestellt. Damit wäre auch keine wesentliche Verbesserung der Situation zu erreichen.

Die letzte Anforderung an die Datenbasis, die es zu überprüfen gilt, ist die Qualität der beobachteten Kurse als Marktpreise. Vor allem der geringe Anteil der börslichen Umsätze an den Gesamtumsätzen (ca. 6%) könnte zu dem Einwand Anlaß geben, daß Börsenkurse nur einen sehr eingeschränkten Teil des "echten" Marktgeschehens wiedergeben können. Dazu muß jedoch festgestellt werden, daß die beobachteten Börsenkurse tatsächlich *Preise* sind, die für die Anleihen bezahlt werden, während die Quotes im OTC-Markt mit wenigen Ausnahmen lediglich unverbindliche *Angebote* für den Ankauf bzw. Verkauf von Anleihen darstellen (vgl. dazu auch Fußnote 61), wobei die effektiv bezahlten Preise unbeobachtbar bleiben. Dieser Umstand und die beträchtliche Größe der spreads (20-25 Basispunkte) lassen die Börsenkurse als am besten geeignetes Surrogat für die "echten" Marktpreise erscheinen.

Für die konkrete Durchführung der empirischen Untersuchung wurde auf Kursdaten und Stammdaten der Österreichischen Kontrollbank zurückgegriffen. Beide Datenbestände lagen in vollständig maschinlesbarer Form auf, lediglich die Stammdaten waren mithilfe von Börsejahrbüchern teilweise zu ergänzen. In einem ersten Schritt wurden die Wertpapierkennummern jener Anleihen ermittelt, für die die Untersuchung durchzuführen ist. Anhand dieser Nummern wurden aus den Kursdatenbeständen für jeden der 741 Börsetage zwischen dem 2. Jänner 1989 und dem 30. Dezember 1991 die Wertpapierkennummern und die Börsenkurse der betreffenden Papiere in einem eigenen File abgespeichert. Im zweiten Schritt wurden aus den Stammdatenbeständen für jede relevante Anleihe die Informationen "Nominalverzinsung", "Kupontermin", "Tilgungsjahr" und "Tilgungskurs" ermittelt. Aus diesen Informationen wurde für jeden Tag die Restlaufzeit[68] für alle an

---

[68] Bei dieser Berechnung wurde auf die Usancen der Wiener Börse zurückgegriffen. Die Zeitumrechnung in Dezimalform erfolgt nach der Regel "30/360", und die Stückzinsen werden dabei linear berechnet.

diesem Tag gehandelten Anleihen mit einem eigenen Programm berechnet, womit auch die notwendige Information für die Berechnung der Stückzinsen gegeben ist. Mit diesen Ergebnissen wurden schließlich die einzelnen Files erweitert. Tabelle 4.4. zeigt beispielhaft die Struktur dieser Files anhand des Files für den 2. Jänner 1989:

Wertpapierkennummer	Börsenkurs	Restlaufzeit	Nominalverzinsung	Tilgungskurs
37977	105.00	3.18611	8.000	100.00
38043	105.25	15.38611	7.500	100.00
38058	105.25	15.52500	7.500	100.00
38064	102.50	15.72500	7.250	100.00
38084	103.00	9.95556	7.125	100.00
38124	101.75	5.72222	6.625	100.00
38129	101.00	8.97222	6.750	100.00
38155	100.25	9.39722	6.625	100.00
38166	101.00	6.73611	6.625	100.00

Tabelle 4.4.: Darstellung des Datenfiles für den 2. Jänner 1989.

Aus diesen Informationen kann für jeden Tag der Preisvektor und die Zahlungsstrommatrix bestimmt werden. Für den Preis einer Anleihe p_i gilt unter Berücksichtigung der Stückzinsen:

$$p_i = KURS_i + (1 - frac(RLZ_i)) \cdot KUPON_i \qquad \textbf{(69)}$$

$KURS_i$ Börsenkurs der Anleihe

$KUPON_i$ Nominalverzinsung der Anleihe

RLZ_i Restlaufzeit der Anleihe

Für den Zahlungsvektor der Anleihe Z_i gilt:

$$Z_{ij} = KUPON_i \qquad j = 1, 2, \dots, int(RLZ_i)$$
$$Z_{ij} = KUPON_i + TILGUNG_i \qquad j = int(RLZ_i) + 1 \tag{70}$$

$TILGUNG_i$ Tilgungskurs der Anleihe

Der Vektor der Zahlungszeitpunkte der Anleihe t_i ist schließlich gegeben durch:

$$t_{ij} = (j - 1) + frac(RLZ_i) \qquad j = 1, 2, \dots, int(RLZ_i) + 1 \tag{71}$$

4.3. Beschreibung der verwendeten Verfahren

Um das zentrale Ziel dieser Arbeit - eine umfassende empirische Evaluierung von Verfahren zur Ermittlung der Zinsstruktur - erreichen zu können, sollten möglichst viele Verfahren und Varianten empirisch getestet werden. Dem steht der mit der Anzahl der verwendeten Verfahren steigende Zeitaufwand bei den Untersuchungen und der oft sehr geringe Informationsgehalt bei der Anwendung zusätzlicher Subvarianten entgegen. Da es unmöglich ist, *alle* Verfahren in *allen* möglichen Varianten zu überprüfen, wurde die Anzahl der Verfahren auf 19 Methoden eingeschränkt. Dabei wurde großen Wert darauf gelegt, daß möglichst viele unterschiedliche *Verfahrenstypen* Gegenstand der Untersuchung sind, während verschiedene *Verfahrensvarianten* nur dann parallel untersucht wurden, wenn a priori große Unterschiede in den Ergebnissen zu erwarten waren. Das bedeutet allerdings, daß die Auswahl der speziellen Variante(n) bei den einzelnen Verfahren letztlich eine ad hoc Entscheidung war. Es wurden in der Regel jene Varianten ausgewählt, die über das gesamte Untersuchungssample am ehesten anwendbar erschienen und die sich in Studien auf anderen Märkten als sehr gut erwiesen haben.

Es folgt nun eine Darstellung aller zwölf in der empirischen Untersuchung verwendeten Verfahren mit insgesamt sieben weiteren Varianten, wobei auf die bereits in Abschnitt 3 gegebenen allgemeinen Darstellungen zurückgegriffen wird.

(1) Das Verfahren von Bloomberg

In dieser Arbeit wird ein Verfahren zur Schätzung der diskreten Zinsstruktur für ganzjährige Restlaufzeiten angewendet. Dieses Verfahren entspricht den Renditestrukturschätzungen von Bloomberg für den österreichischen Rentenmarkt, wobei hier unter Umständen abweichende Interpolationsvorschriften zur Anwendung gelangen. Die Renditestruktur wird über einen einfachen Algorithmus ermittelt, in dem alle an einem Tag beobachtbaren Effektivverzinsungen den auf ganze Zahlen gerundeten korrespondierenden Restlaufzeiten zugeordnet werden. Diese Punkte werden linear verbunden, wobei Lücken am Anfang des

Laufzeitspektrums durch Fortschreibung des ersten gemessenen Wertes geschlossen werden.

(2) Verfahren der Deutschen Bundesbank

Dieses Verfahren wird wie in 3.4.1. beschrieben angewendet, wobei als zusätzliche Variante noch die Schätzung der Parameter ohne Berücksichtigung des Kupons erfolgt.

(3) Verfahren der Österreichischen Kontrollbank

(4) Verfahren von Echols und Elliott (1976)

(5) Verfahren von Datastream

(6) REX-Methode

Die Rückführung auf eine zweidimensionale Darstellung wurde mittels Berechnung des Durchschnittskupons analog zum Verfahren der Deutschen Bundesbank durchgeführt.

(7) Verfahren von Nelson und Siegel (1987)

Die Parameter in diesem Verfahren werden zunächst mit Nichtlinearer Optimierung nach der BFGS-Methode der GAUSS-Prozedur OPTMUM[69] berechnet. Der Gradient für die Zielfunktion wurde analytisch bestimmt, wobei die Ergebnisse dieser Prozedur mit der GAUSS-Prozedur GRADP (numerische Bestimmung des Gradienten mittels der *forward difference method*) überprüft wurden. In der zweiten Variante wird durch schrittweise Vorgabe des Parameters τ die Schätzgleichung linearisiert und kann mit OLS geschätzt werden. In einer dritten Variante wird τ fix mit 1.51 vorgegeben, wobei dieser Wert dem Median der mit der zweiten Variante geschätzten Werte für τ entspricht.

---

69 vgl. Schoenberg (1992) im Handbuch zum GAUSS-Modul Optimization sowie Gill, et al. (1989).

(8) Approximation der Zinsstruktur nach Vasicek (1977) durch die Renditestruktur

Die Parameter in diesem Verfahren werden mit unbeschränkter Nichtlinearer Optimierung nach der BFGS-Methode der GAUSS-Prozedur OPTMUM[69] mit numerischer Bestimmung des Gradienten berechnet[70]. Nachdem bei unbeschränkter Optimierung negative Werte für die Prozeßvarianz σ^2 nicht ausgeschlossen werden können, wurde in einer zweiten Variante die Zielfunktion um eine *penalty function* erweitert, um negative Werte für σ^2 mit sehr großer Wahrscheinlichkeit auszuschließen.

(9) Approximation der Zinsstruktur durch kubische Splines

Bei der Auswahl der Spline-Basis wurde auf zwei unterschiedliche Varianten zurückgegriffen: auf die kubischen Splines in McCulloch (1975) und auf die B-Splines in Langetieg und Smoot (1989). Die Anzahl der Knoten K wurde einheitlich nach folgender Formel festgelegt:

$$K = int\sqrt{I} + 1 \qquad \textbf{(72)}$$

I Anzahl der an einem Tag gehandelten Anleihen

Diese Lösung schien ein guter Kompromiß zwischen ausreichender Anpassungsgüte und Gefahr der Überparametrisierung zu sein. Auch bei der Plazierung der Knoten wurde auf das von McCulloch (1971) vorgeschlagene Verfahren zurückgegriffen, in dem die Knoten das Laufzeitspektrum in Intervalle teilen, die alle gleich viel Tilgungszeitpunkte von Anleihen enthalten. Im Gegensatz zu Varianten mit fixer Knotenplazierung ist dieses Verfahren unabhängig von der Laufzeitstruktur des Marktes anwendbar und kam daher aus praktischen Gründen als einzige Alternative in Betracht.

---

70 Möglicherweise könnten die Ergebnisse bei diesem Verfahren durch analytische Bestimmung des Gradienten verbessert werden.

(10) Verfahren von Chambers, Carleton und Waldman (1984)

Dieses Verfahren wurde in zwei Varianten mit Polynomen dritten und fünften Grades gerechnet. Die Parameter in diesem Verfahren werden zunächst mit Nichtlinearer Optimierung nach der Newton/Raphson–Methode der GAUSS–Prozedur OPTMUM[69] berechnet. Der Gradient für die Zielfunktion wurde analytisch bestimmt, wobei die Ergebnisse dieser Prozedur mit der GAUSS–Prozedur GRADP (numerische Bestimmung des Gradienten mittels der *forward difference method*) überprüft wurden.

(11) Verfahren von Schaefer (1981)

Dieses Verfahren wurde in zwei Varianten mit Polynomen vierten und sechsten Grades gerechnet. Aus Gründen der Einfachheit wurde auf eine explizite Berücksichtigung der Modellrestriktionen mittels eines Algorithmus zur Quadratischen Programmierung verzichtet. Die empirischen Ergebnisse zeigen allerdings, daß nur in Ausnahmefällen das Optimum der Schätzfunktion unter Verletzung der Restriktionen gefunden wird.

(12) Verfahren von Carleton und Cooper (1976)

Dieses Verfahren wurde mithilfe der Konstruktion eines Modellmarktes angewendet. Die Zahlungszeitpunkte des Modellmarktes sind ganzzahlige Laufzeiten von einem Jahr bis zur aufgerundeten größten Restlaufzeit. Die Zahlungen werden nicht wie bei Bußmann (1989) einem einzigen Zeitpunkt zugeordnet, sondern linear auf die beiden benachbarten Zeitpunkte aufgeteilt[71]. Diese Aufteilung wird auch bei der Berechnung der Barwerte und Preisabweichungen verwendet.

---

[71] Damit werden Teile von Zahlungen mit Zeitpunkten von unter einem Jahr auch dem Zeitpunkt Null zugeordnet, für den allerdings keine Diskontierungsfaktoren geschätzt werden können (die Diskontierungsfaktoren an dieser Stelle sind definitionsgemäß gleich eins). Deshalb werden diese Beträge aus der Zahlungsmatrix eliminiert, und gleichzeitig werden die Marktpreise um genau diese Beträge gekürzt.

Tabelle 4.5. gibt einen zusammenfassenden Überblick über die Verfahren und die in weiterer Folge verwendeten Kurzbezeichnungen:

Kurzbezeichnung	Verfahren
BLM	Renditestruktur nach Bloomberg
DRM	Verfahren der Deutschen Bundesbank (Deutsches-Rentenmarkt-Verfahren)
DRMA	DRM-Verfahren ohne Berücksichtigung des Kupons
OEKB	Verfahren der Österreichischen Kontrollbank
EE	Echols und Elliott (1976)
DATA	Renditestruktur nach Datastream
REX	REX-Methode
NS	Nelson und Siegel (1987) Nichtlineare Optimierung mit BFGS-Methode
NSMIN	Nelson und Siegel - Optimierung mit grid search
NSFIX	Nelson und Siegel - Linearisierung durch fixe Vorgabe von τ
VAS	Approximation der Zinsstruktur nach Vasicek (1977) durch die Renditestruktur
VASR	Approximation der Zinsstruktur nach Vasicek durch die Renditestruktur mit Beschränkung des Varianzparameters
CSPL	Kubische Splines nach McCulloch (1975) Knotenanordnung nach McCulloch
BSPL	B-Splines nach Langetieg und Smoot (1989) Knotenanordnung nach McCulloch
CCW3	Chambers, Carleton und Waldman (1984) Polynom dritten Grades
CCW5	Chambers, Carleton und Waldman - Polynom fünften Grades
SCH4	Schaefer (1981) - Polynom vierten Grades
SCH6	Schaefer - Polynom sechsten Grades
CC	Carleton und Cooper (1976) mit Modellzahlungsreihen

Tabelle 4.5.: Auflistung der in der empirischen Untersuchung evaluierten Verfahren und der verwendeten Kurzbezeichnungen.

4.4. Ergebnisse der Untersuchung

Dieser Abschnitt soll die wichtigsten Ergebnisse der Untersuchung in komprimierter Form zusammenfassen, ohne dabei auf Detailergebnisse einzugehen. Es ist vor allem unzweckmäßig, die Daten bzw. die Grafiken für alle 14.079 Zinsstrukturschätzungen[72] in sinnvoller Form wiederzugeben. Es wurden daher nur die wichtigsten Informationen für jedes Verfahren in einem Ergebnisfile gespeichert, um damit eine geeignete Datenbasis für die Auswertung der Ergebnisse zu erlangen. Es wurden für jede Zinsstrukturschätzung folgende Informationen festgehalten: Datum, MSD, MAD, fünf Referenzzinssätze, sechs Binärvariablen zur Anzeige der Arbitragefreiheit und die Anzahl der an diesem Tag gehandelten Anleihen. Die Referenzzinssätze wurden durch Einsetzen von fix vorgegebenen "typischen" Laufzeiten (drei Monate, ein Jahr, fünf Jahre, sieben Jahre, zehn Jahre) in das bereits geschätzte Modell errechnet. Die ersten drei Binärvariablen zeigen an, ob in den drei vorgegebenen Intervallen (0–1 Jahre, 1–10 Jahre, über 10 Jahre)[73] an diesem Tag für dieses Verfahren negative spot rates auftreten; die weiteren drei Binärvariablen geben diese Information für forward rates an.

Daraus ergeben sich 19 weitere Files, die in einem zweiten Schritt wiederum zu interpretierbaren Ergebnissen verdichtet werden müssen. Diese Auswertung orientiert sich nach den in Abschnitt 2.4. vorgegebenen Kriterien, wodurch auch der weitere Aufbau dieses Abschnitts vorgegeben ist. Im Anhang finden sich zur besseren Illustration der Arbeit noch grafische Darstellungen der geschätzten Zinsstrukturen für einen ausgewählten Zeitpunkt (Abbildungen 4.9. – 4. 26.). Allein der optische Eindruck unterstreicht die in diesem Abschnitt gewonnenen Erkenntnisse: Die Verlaufsform der geschätzten Zinskurve und im Grunde sogar die Eigenschaft, ob die Zinskurve steigt oder fällt, ist in erster Linie von der Auswahl des Verfahrens abhängig. Darüberhinaus kann ein höchst unterschiedliches und z.T. extremes Verhalten der Zinsstrukturschätzungen in den Randbereichen des Laufzeitspektrums festgestellt werden.

---

72 Schätzungen für 19 Methoden an 741 Tagen ergeben 14.079 einzelne Schätzungen.

73 vgl. Abschnitt 2.4.

Bei einer vergleichenden Aufbereitung der Ergebnisse wird man jedoch mit dem Problem konfrontiert, daß die einzelnen Verfahren nicht an *allen* Tagen tatsächlich durchführbar waren. Vor allem die untersuchte Variante des Verfahrens von Carleton und Cooper war nur an 93 Tagen durchführbar. Aus diesem Grund wurde eine zweistufige Vorgangsweise gewählt, in der in einem ersten Schritt eine Teilmenge von 348 Tagen gebildet wurde, an denen alle Verfahren ohne Berücksichtigung des Verfahrens von Carleton und Cooper durchführbar waren. In einem zweiten Schritt wurden alle 63 Tage aus dieser Teilmenge zusammengefaßt, an denen auch das Verfahren von Carleton und Cooper anwendbar war. Die statistische Auswertung der Ergebnisse bezieht sich im weiteren aus Gründen der Vergleichbarkeit auf diese beiden Mengen von Untersuchungszeitpunkten.

4.4.1. Verläßlichkeit des Preissystems

In Abschnitt 2.4. wurde die Güte des sich aus einer Zinsstrukturschätzung ergebenden Preissystems als bedeutendstes Kriterium zur Evaluierung von Schätzverfahren beschrieben. Zur Beurteilung der Verläßlichkeit des Preissystems sind die *mean standard deviation* (MSD) und die *mean absolute deviation* (MAD) von wesentlicher Bedeutung. Tabelle 4.6. und 4.7. fassen die deskriptiven Statistiken dieser beiden Kennzahlen zusammen, wobei in erster Linie der Median der einzelnen Preisabweichungen aufgrund der zum Teil nicht unbeträchtlichen Schiefe der Häufigkeitsverteilung der Ergebnisse ein geeignetes Lokationsmaß ist.

Bei einer ersten Betrachtung der Ergebnisse fällt zunächst auf, daß die Preisabweichungen für *alle Verfahren* vergleichsweise gering sind. Die gemessenen Mediane der MADs bewegen sich in einem Bereich zwischen 5 und 22 Basispunkten – allerdings bei manchmal recht großer Streuung. Die beobachteten Preisabweichungen sind in Relation zu Studien auf anderen Märkten extrem klein[74], was möglicherweise dadurch begründet werden kann, daß fast alle in dieser Arbeit zitierten Studien Zeiträume in den siebziger und frühen achtziger Jahren heranziehen, während diese Untersuchung über einen deutlich

---

[74] vgl. Tabelle 3.2.

	MSD			MSD		
	Mean[a]	SDev[b]	Median[c]	Mean	SDev	Median
BLM	19,11	5,87	17,42	21,46	7,68	19,88
DRM	24,68	10,03	22,20	28,82	11,74	25,64
DRMA	23,90	8,02	21,54	26,92	9,46	24,49
OEKB	25,57	10,23	23,17	29,94	14,05	26,16
EE	24,12	7,73	21,88	27,76	9,83	25,16
DATA	22,42	7,29	20,19	25,53	9,60	22,94
REX	24,14	10,81	21,91	29,10	15,84	25,22
NS	24,80	9,36	21,28	34,11	26,39	26,03
NSMIN	23,78	8,03	21,27	26,85	9,65	24,49
NSFIX	23,43	7,58	21,58	26,75	9,67	24,54
VAS	24,71	7,37	23,09	30,47	17,68	25,68
VASR	26,32	10,68	23,55	30,87	14,69	26,35
CSPL	18,02	8,03	15,84	20,34	8,72	18,82
BSPL	15,89	7,98	13,82	17,16	8,41	15,36
CCW3	17,82	7,92	15,28	20,13	8,86	18,47
CCW5	16,07	7,82	13,87	18,02	8,58	15,96
SCH4	17,23	8,07	15,41	19,26	8,77	17,30
SCH6	15,23	7,44	13,44	16,82	8,19	14,96
CC	8,80	4,99	7,79			

Tabelle 4.6.: Deskriptive Statistiken der Mean Standard Deviations (MSD) für jedes Verfahren über 63 Tage aus dem Untersuchungszeitraum, an denen jedes Verfahren durchführbar war (linke Hälfte der Tabelle), und über 348 Tage, an denen alle Verfahren mit Ausnahme der Methode von Carleton und Cooper (CC) durchführbar waren.

[a]) Mittelwert der MSD

[b]) Standardabweichung der MSD

[c]) Median der MSD

	MAD			MAD		
	Mean[a]	SDev[b]	Median[c]	Mean	SDev	Median
BLM	14,93	4,42	13,98	16,63	5,49	15,72
DRM	19,22	8,16	17,43	22,94	9,62	20,53
DRMA	18,82	6,30	17,38	21,37	7,32	19,87
OEKB	20,32	8,47	17,86	23,98	11,46	20,89
EE	19,14	6,25	17,43	22,19	7,86	20,59
DATA	17,82	5,81	16,51	20,31	7,53	18,30
REX	19,14	9,26	17,60	23,31	13,99	19,73
NS	19,22	7,44	16,55	27,55	23,37	20,65
NSMIN	18,60	6,24	16,93	21,19	7,43	19,29
NSFIX	18,33	6,08	16,60	20,94	7,41	19,32
VAS	19,73	6,09	18,34	24,38	14,14	20,82
VASR	20,96	8,24	18,58	24,63	11,28	21,43
CSPL	14,47	6,43	12,80	15,96	6,50	15,03
BSPL	12,47	6,32	10,79	13,29	6,37	11,83
CCW3	14,28	6,36	12,65	15,83	6,69	14,65
CCW5	12,68	6,21	11,16	13,99	6,53	12,21
SCH4	13,67	6,31	11,86	15,04	6,64	13,31
SCH6	11,85	5,94	10,38	13,05	6,35	11,65
CC	5,58	3,55	4,99			

Tabelle 4.7.: Deskriptive Statistiken der Mean Absolute Deviations (MAD) für jedes Verfahren über 63 Tage aus dem Untersuchungszeitraum, an denen jedes Verfahren durchführbar war (linke Hälfte der Tabelle), und über 348 Tage, an denen alle Verfahren mit Ausnahme der Methode von Carleton und Cooper (CC) durchführbar waren.

[a]) Mittelwert der MAD

[b]) Standardabweichung der MAD

[c]) Median der MAD

späteren Zeitraum durchgeführt wurde[75], in dem stark steigende Liquidität, internationale Kapitalmarktintegration und technische Fazilitäten die Existenz von Arbitragemöglichkeiten eher unwahrscheinlich erscheinen lassen[76]. Dieses Ergebnis relativiert auch die Bedeutung der Höhe der Preisabweichungen als Beurteilungskriterium, weil an absoluten Maßstäben gemessen sogar die durchschnittliche Preisabweichung der in dieser Hinsicht "schlechtesten" Verfahren nicht größer als der übliche bid–ask spread bzw. die Transaktionskosten an der Wiener Börse sind.

Dennoch lassen sich anhand der vorliegenden Ergebnisse einige interessante Beobachtungen machen. Vor allem zeigt sich, daß *alle* Verfahren, die von einer Schätzung der Zinsstruktur ausgehen, besser bewertet werden können als Verfahren zur Schätzung der Renditestruktur. In dieser Hinsicht ist das Ergebnis nicht unerwartet, eher überraschend ist hingegen der geringe absolute Unterschied zwischen diesen grundlegenden Verfahrenstypen von im Schnitt weniger als zehn Basispunkten. Man wird daher bei einer endgültigen Evaluierung der Schätzverfahren verstärkt andere Kriterien beachten müssen, um zu trennschärferen Ergebnissen zu gelangen.

Betrachtet man die Gruppe der Verfahren zur Schätzung der Zinsstruktur, fallen zunächst die äußerst geringen Preisabweichungen beim Verfahren von Carleton und Cooper auf. Wenn dieses Verfahren überhaupt anwendbar ist, dann ergeben sich offenbar die mit Abstand kleinsten Preisabweichungen. Der relative Vergleich der anderen Verfahren bestätigt im Prinzip nur Ergebnisse von anderen Märkten. So sind bei den Verfahren von Chambers, Carleton und Waldman sowie von Schaefer die Preisabweichungen umso geringer, je höher die Parametrisierung des Modells ist, und die Verwendung von B-Splines führt ebenfalls zu besseren Ergebnissen als die Verwendung von McCulloch-Splines.

---

75 Die Ergebnisse dieser Arbeit entsprechen darüber hinaus in der Größenordnung den Ergebnissen von Brandner (1993).

76 vgl. dazu auch Tabelle 4.8.

Bei den Verfahren zur Schätzung der Renditestruktur waren die Ergebnisse in dieser Form nicht unbedingt zu erwarten. Überraschend ist vor allem das triviale Verfahren von Bloomberg, das in dieser Gruppe eindeutig die geringsten Preisabweichungen aufweist, während komplexere Verfahren, wie z.B. das Verfahren von Nelson und Siegel, den einfacheren Verfahren bezüglich der Preisabweichungen nicht überlegen sind. Offenbar ist eine sehr gute Minimierung der Renditeabweichungen bei der Approximation der Zinsstruktur durch die Renditestruktur nur bedingt von Vorteil; einfachere Verfahren mit weniger Parametern scheinen bezüglich dieses Kriteriums durchaus geeignet zu sein[77]. Möglicherweise liegt auch im großen Verbreitungsgrad des Bloomberg-Systems in Österreich eine weitere Begründung für die guten Ergebnisse bei der Evaluierung dieses Verfahrens.

Des weiteren ist eine starke Abnahme der Preisabweichungen bei allen untersuchten Verfahren im Zeitablauf festzustellen. Die in Tabelle 4.8. zusammengefaßten Ergebnisse sind mit den zu Beginn dieses Abschnitts festgehaltenen Entwicklungen am österreichischen Rentenmarkt konsistent und unterstützen auch die oben angeführte Begründung der im internationalen Vergleich "scheinbar zu kleinen" gemessenen Preisabweichungen.

---

77 Ein weiteres Detailergebnis ist ebenfalls überraschend: Das seit 1983 verwendete Verfahren der Deutschen Bundesbank unter Berücksichtigung des Kupons scheint dem alten Verfahren ohne Berücksichtigung des Kupons in keiner Weise überlegen zu sein.

Quartal	MAD[a]
I/89	34,95
II/89	29,69
III/89	21,63
IV/89	22,32
I/90	22,46
II/90	23,67
III/90	22,87
IV/90	21,09
I/91	21,66
II/91	15,95
III/91	14,40
IV/91	13,76

Tabelle 4.8.: Entwicklung der Mean Absolute Deviations im Zeitablauf.
[a]) Durchschnitt der MAD über alle Verfahren in Basispunkten.

4.4.2. Arbitragefreiheit

Das zweite wichtige, in Abschnitt 2.4. beschriebene Kriterium zur Beurteilung von Verfahren zur Schätzung der Zinsstruktur ist die Arbitragefreiheit der geschätzten Zinsstrukturen. Da im allgemeinen kein Verfahren "garantieren" kann, daß zu jedem Zeitpunkt eine arbitragefreie Zinsstruktur ermittelt wird, ist die Überprüfung dieses Kriteriums von besonderem empirischen Interesse. Bei der Beschreibung der einzelnen Verfahren in Abschnitt 3 wurde bereits ausführlich auf den Zusammenhang zwischen Vorgabe der funktionalen Form und möglichem Auftreten von negativen Zinssätzen hingewiesen. Vor allem logarithmische Terme und Polynome höheren Grades lassen das Auftreten negativer Terminzinssätze oder sogar Kassazinssätze an den Enden des Laufzeitbereiches wahrscheinlich erscheinen. Deshalb ist es sinnvoll, bei der Überprüfung der Arbitragefreiheit das Laufzeitspektrum in drei Intervalle einzuteilen: den Bereich bis zu einem Jahr (Bereich 1) für sehr kurze Laufzeiten, den Bereich zwischen einem und zehn Jahren (Bereich 2) für "normale" Laufzeiten und den Bereich über zehn Jahre (Bereich 3) für sehr lange Laufzeiten. Natürlich ist in erster Linie das Verhalten der Zinssätze im Bereich 2 von größter Bedeutung; in diesem Intervall sollte Arbitragefreiheit auf jeden Fall gegeben sein. Aber auch Bereich 1 könnte von großem Interesse sein, wenn aus diesem Bereich Referenzzinssätze zur Modellierung von Zinsänderungsprozessen herangezogen werden. Allerdings muß darauf hingewiesen werden, daß bei der Überprüfung von Arbitragefreiheit in diesem Laufzeitbereich in fast allen Fällen das Verhalten der geschätzten Zinsstruktur im Grenzbereich von Laufzeiten gegen Null entscheidend ist. Dieses Grenzverhalten könnte in vielen Fällen jedoch von der speziellen Variante des Verfahrens abhängig sein[78]. Die geringste Bedeutung ist dem Bereich 3 beizumessen, weil in Österreich nur mehr sehr wenige Zahlungsströme existieren, die in dieses Intervall hineinreichen.

Tabelle 4.9. gibt die Prozentsätze der Tage mit beobachteten negativen Zinssätzen, gemessen an der Grundgesamtheit, an. Als erstes fällt auf, daß für die meisten Verfahren an allen Zeitpunkten positive spot rates ermittelt werden, wobei im entscheidenden Bereich 2 alle geschätzten spot rates positiv sind. Bei fünf Verfahren werden an manchen Tagen in den Randbereichen negative spot rates ermittelt: beim Verfahren von Echols und Elliott (dafür ist der Ausdruck 1/RLZ in der Schätzgleichung verantwortlich), bei den B-Splines, beim Verfahren von Chambers, Carleton und Waldman mit einem Polynom fünften Grades, beim Verfahren von Schaefer mit einem Polynom sechsten Grades und an einem Tag auch beim REX-Verfahren.

Verletzungen der Arbitragefreiheitsbedingung bezüglich der forward rates treten allerdings überall dort auf, wo sie aufgrund der funktionalen Struktur am ehesten zu erwarten waren[79]. Bei den Verfahren zur Schätzung der Renditestruktur sind negative Kassazinssätze nur beim Verfahren von Echols und Elliott und beim Verfahren von Nelson und

---

78 Das Auftreten negativer forward rates im Bereich 1 könnte bei Spline-Methoden beispielsweise durch eine Plazierung des ersten Knotens in einem etwas früheren Laufzeitbereich wesentlich reduziert werden. Damit würde aber die Anwendbarkeit des Verfahrens empfindlich eingeschränkt werden.

79 Bei der Überprüfung des Vorzeichens der forward rates wurden die Terminzinssätze natürlich nur in diskreten Schritten berechnet. Es ist also theoretisch möglich, daß in Extremfällen die forward rates für kleinere Perioden als 0,1 Jahre negativ sind, ohne daß dies in den Ergebnissen dieser Studie ausgewiesen wäre.

Siegel mit Nichtlinearer Optimierung zu beobachten. Beim Verfahren von Nelson und Siegel könnten die bereits erwähnten Schwierigkeiten beim Optimierungsalgorithmus für dieses Ergebnis verantwortlich sein, gerade weil das parallel gerechnete Verfahren mittels grid search an keinem Beobachtungszeitpunkt negative Terminzinssätze ausweist.

Bei den Verfahren zur Ermittlung der Zinsstruktur sind die etwas einfacheren und weniger parametrisierten Verfahren eindeutig im Vorteil. Während die polynomialen Anpassungsverfahren von Chambers, Carleton und Waldman bzw. von Schaefer[80] wegen der höhergradigen Polynome hauptsächlich im Bereich 3 die Verletzungen der Arbitragefreiheit aufweisen, sind bei den B-Splines negative forward rates im gesamten Laufzeitspektrum zu beobachten. Die im Gegensatz zu den McCulloch-Splines flexiblere Anpassung an die Zinsstruktur muß offensichtlich um den Preis der Arbitragefreiheit der Schätzergebnisse erkauft werden.

Es scheint also ein *trade-off* zwischen hoher Anpassungsgüte und Verletzung der Arbitragefreiheitsbedingung zu bestehen. Es bleibt allerdings offen, ob verbesserte Sub-Varianten der komplexeren Verfahren unter veränderten Marktstrukturen (wo z.B. eine bessere Knotenplazierung möglich ist) nicht auch arbitragefreie Ergebnisse liefern.

---

80 Es wird nochmals darauf hingewiesen, daß bei Berücksichtigung der linearen Nebenbedingungen bei der Regression von Schaefer im Sinne von Beer (1990) keine negativen forward rates beobachtet werden könnten.

	SR[a]			FR[b]			SR			FR		
LZ[c]	1	2	3	1	2	3	1	2	3	1	2	3
BLM	0,0	0,0	0,0	0,0	0,0	0,0	0,0	0,0	0,0	0,0	0,0	0,0
DRM	0,0	0,0	0,0	0,0	0,0	0,0	0,0	0,0	0,0	0,0	0,0	0,0
DRMA	0,0	0,0	0,0	0,0	0,0	0,0	0,0	0,0	0,0	0,0	0,0	0,0
OEKB	0,0	0,0	0,0	0,0	0,0	0,0	0,0	0,0	0,0	0,0	0,0	0,0
EE	**1,6**	0,0	0,0	**1,6**	0,0	0,0	**6,0**	0,0	0,0	**6,0**	0,0	0,0
DATA	0,0	0,0	0,0	0,0	0,0	0,0	0,0	0,0	0,0	0,0	0,0	**0,6**
REX	0,0	0,0	0,0	0,0	0,0	0,0	**1,6**	0,0	0,0	0,0	0,0	0,0
NS	0,0	0,0	0,0	**7,9**	0,0	0,0	0,0	0,0	0,0	**13,5**	**1,7**	0,0
NSMIN	0,0	0,0	0,0	0,0	0,0	0,0	0,0	0,0	0,0	0,0	0,0	0,0
NSFIX	0,0	0,0	0,0	0,0	0,0	0,0	0,0	0,0	0,0	0,0	0,0	0,0
VAS	0,0	0,0	0,0	0,0	0,0	0,0	0,0	0,0	0,0	0,0	0,0	0,0
VASR	0,0	0,0	0,0	0,0	0,0	0,0	0,0	0,0	0,0	0,0	0,0	0,0
CSPL	0,0	0,0	0,0	0,0	0,0	0,0	0,0	0,0	0,0	0,0	0,0	0,0
BSPL	**4,0**	0,0	**0,9**	**25,4**	**3,2**	**50,8**	**17,5**	0,0	**3,2**	**39,4**	**5,2**	**38,2**
CCW3	0,0	0,0	0,0	0,0	0,0	0,0	0,0	0,0	0,0	0,0	0,0	0,0
CCW5	0,0	0,0	0,0	0,0	0,0	**34,9**	**1,6**	0,0	**4,8**	**0,6**	0,0	**31,6**
SCH4	0,0	0,0	0,0	0,0	0,0	0,0	0,0	0,0	0,0	**15,2**	0,0	**2,3**
SCH6	**1,7**	0,0	0,0	**7,9**	0,0	**36,5**	**3,2**	0,0	0,0	**26,1**	**0,6**	**36,2**
CC	0,0	0,0	0,0	0,0	**4,8**	0,0						

Tabelle 4.9.: Prozentanteil der nicht arbitragefreien Ergebnisse für jedes Verfahren über 63 Tage aus dem Untersuchungszeitraum, an denen jedes Verfahren durchführbar war (linke Hälfte der Tabelle), und über 348 Tage, an denen alle Verfahren mit Ausnahme der Methode von Carleton und Cooper (CC) durchführbar waren.

a) Die mit SR gekennzeichneten Spalten beziehen sich auf negative spot rates.

b) Die mit FR gekennzeichneten Spalten beziehen sich auf negative forward rates.

c) Die mit 1 gekennzeichnete Spalte bezieht sich auf den Laufzeitbereich bis ein Jahr; die mit 2 gekennzeichnete Spalte bezieht sich auf den Laufzeitbereich von einem Jahr bis zehn Jahren; die mit 3 gekennzeichnete Spalte bezieht sich auf den Laufzeitbereich von über zehn Jahren.

4.4.3. Anwendbarkeit

Eine Evaluierung von Schätzverfahren auf dem wenig liquiden österreichischen Anleihemarkt kann auch für andere Märkte von großem Interesse sein. Im besonderen ist es die *Unvollständigkeit des Marktes* und die unregelmäßige Zahlungsstromstruktur bei sehr wenig gehandelten Papieren, die die Frage der Anwendbarkeit zu einem zentralen Beurteilungskriterium werden lassen. Bei der Untersuchung dieses Kriteriums sind zwei Umstände besonders zu beachten: Zum ersten wird die Anwendbarkeit der Verfahren an der Grundgesamtheit von 741 Börsetagen gemessen, wodurch auch (vor allem im Jahr 1989) einige Extremsituationen mit nur drei oder vier pro Tag gehandelten Anleihen gegeben sind, zum zweiten wird nur *eine einheitliche Verfahrensvariante* an allen Tagen der Untersuchungsperiode angewendet. Diese Vorgangsweise wurde deshalb gewählt, weil bei einer fortlaufenden standardisierten Ermittlung der Zinsstruktur, der in der Praxis die größte Relevanz beizumessen ist, eine ex-post Revision des Verfahrens ebenfalls unmöglich ist. Daher ist einschränkend festzuhalten, daß unter Umständen die Auswahl der speziellen Verfahrensvariante die Ergebnisse bei der Überprüfung dieses Kriteriums erheblich beeinflussen könnte, obwohl bei der Auswahl der Varianten besonders auf die zu erwartende Anwendbarkeit des Verfahrens Rücksicht genommen wurde.

In Tabelle 4.10. sind die Anzahl der Tage, an denen das betreffende Verfahren anwendbar war, und der Anteil in Prozent, gemessen an der Gesamtheit von 741 Tagen im Untersuchungszeitraum, zusammengefaßt. Erwartungsgemäß war nur das Verfahren von Bloomberg an allen 741 Tagen anwendbar, wobei Ergebnisse einer Zinsstrukturschätzung mit sehr wenigen gehandelten Anleihen überhaupt in Frage gestellt werden müssen. Demnach können alle Verfahren mit einem Prozentsatz von mehr als 95%, das entspricht etwa 700 aus 741 Tagen, als unter heutigen Marktbedingungen in Österreich anwendbar betrachtet werden. Auch für alle anderen Verfahren sollten für Märkte mit täglich mehr als zehn gehandelten (linear unabhängigen) Anleihen keine Einschränkungen der Anwendbarkeit gegeben sein. Lediglich das Verfahren von Carleton und Cooper ist selbst in dieser sehr auf österreichische Verhältnisse zugeschnittenen Version nur in 12,6% der Fälle anwendbar. Damit scheidet dieses Verfahren als sinnvolle Alternative zur Ermittlung der Zinsstruktur in Österreich aus.

Verfahren	Tage	Prozent
BLM	741	100,0
DRM	711	96,0
DRMA	730	98,5
OEKB	730	98,5
EE	707	95,4
DATA	724	97,7
REX	549	74,1
NS	489	66,0
NSMIN	661	89,2
NSFIX	723	97,8
VAS	621	83,8
VASR	548	74,0
CSPL	731	98,7
BSPL	631	85,2
CCW3	713	96,2
CCW5	660	89,1
SCH4	658	88,8
SCH6	554	74,8
CC	93	12,6

Tabelle 4.10.: Anzahl der Tage, an denen das betreffende Verfahren anwendbar war, und der Anteil in Prozent, gemessen an der Gesamtheit von 741 Tagen im Untersuchungszeitraum.

4.4.4. Verhalten der Referenzzinssätze im Zeitablauf

Durch die Überprüfung dieses Kriteriums soll sichergestellt werden, daß Schätzergebnisse durch verfahrensbedingte Ursachen der ökonomischen Intuition entsprechen. Diese Aussage wird im folgenden in zwei Richtungen operationalisiert. Zum einen sollen Referenzzinssätze keinen extrem *erratischen* Verlauf aufweisen, und zum zweiten soll der *term spread* zwischen kurzen und langen Zinssätzen in seinem Vorzeichen relativ stabil bleiben. Bei einigen Schätzverfahren ist ein sehr häufiger Wechsel des Vorzeichens, das bedeutet eine Drehung der Zinskurve, oft innerhalb einer Woche zu beobachten. Darüberhinaus kann eine sehr stark unterschiedliche Volatilität der Referenzzinssätze im Zeitablauf festgestellt werden.

Problematisch ist in diesem Zusammenhang allerdings das Fehlen eines *absoluten* Vergleichsmaßstabes zur Überprüfung dieser Eigenschaften. In dieser Arbeit werden zwei externe Referenzzinssätze als *benchmark* verwendet, die von der Ermittlung der Zinsstruktur unabhängig sind. Für dreimonatige Laufzeiten wird der betreffende Geldmarktzinssatz und für siebenjährige Laufzeiten die Sekundärmarktrendite für Bundesanleihen herangezogen. Einschränkend muß an dieser Stelle angemerkt werden, daß die Verwendung dieser Zinssätze nur unter Vorbehalt zu sehen ist. Einerseits existiert eine gewisse *Segmentierung* zwischen Geldmarkt und Anleihemarkt (z.B. aus steuerlichen Gründen), wodurch die Eignung des Geldmarktzinssatzes als Surrogat für einen Zinssatz des Rentenmarktes eingeschränkt wird, andererseits ist die Zuordnung der Sekundärmarktrendite zu einer siebenjährigen Laufzeit eine ad hoc Entscheidung, die ebenfalls beeinträchtigend wirken kann. Dennoch wird versucht, das Verhalten der Referenzzinssätze im Zeitablauf wenigstens an einem einigermaßen sinnvollen externen Vergleichsmaßstab zu messen. Bei der Interpretation der Ergebnisse müssen dann die hier beschriebenen Einschränkungen allerdings sehr genau beachtet werden.

Die Überprüfung dieses Kriteriums erfolgt, wie in Abschnitt 2.4. beschrieben, mithilfe eines Vergleichs von aus den Zinsstrukturschätzungen gebildeten Zeitreihen der Referenzzinssätze mit den Zeitreihen der Sekundärmarktrendite bzw. des Geldmarktzinssatzes für dreimonatige Laufzeit. Für jede dieser Zeitreihen lagen 36 Beobachtungen jeweils zum

Monatsultimo vor, wobei in die Berechnungen nur die Ersten Differenzen der Zeitreihen Eingang fanden, denn Zeitreihen von Zinssätzen weisen in der Regel ein nicht-stationäres Verhalten auf[81], wodurch eine Anwendung von einfachen Regressions- bzw. Korrelationsrechnungen zu irreführenden Ergebnissen führt. Die einfachste Form, dieses Problem zu lösen, liegt in der Verwendung der Ersten Differenzen der Zeitreihen als Inputdaten für ein Regressionsmodell[82]. In diesem Zusammenhang wurde folgendes Regressionsmodell verwendet:

$$r_{mn} = a_m + b_m \cdot z_n + e_{mn} \tag{73}$$

r	Zeitreihe der Ersten Differenzen der geschätzten Zinssätze
z	Zeitreihe der Ersten Differenzen der Vergleichszinssätze
m	Index des verwendeten Verfahrens
n	Zeitindex
a, b	Regressionsparameter
e	Residualterm[83]

Diese Regression wurde für die Dreimonatszinssätze gegen den Geldmarktzinssatz, für die Siebenjahreszinssätze gegen die Sekundärmarktrendite und schließlich für die geschätzten term spreads (Siebenjahreszins minus Dreimonatszins) gegen den spread zwischen Sekundärmarktrendite und Geldmarktzins durchgeführt. Die Nullhypothese bezüglich des Ordinatenabstandes lautet H_0: a = 0, und die Nullhypothese bezüglich der Steigung der Regressionsgeraden ist H_0: b = 1. Zusätzlich wurden noch variance ratios berechnet, wobei die Varianz aus den Zeitreihen der Referenzzinssätze in Relation zur Varianz des Vergleichszinssatzes gestellt wurde. In den Tabellen 4.11., 4.12. und 4.13. sind die Ergebnisse dieser Regressionen zusammengefaßt, wobei aufgrund der z.T. erheblichen negativen Autokorrelation der Residuen auf die Durchführung von parametrischen Signifikanztests verzichtet wird.

---

81 vgl. u.a. Bradley und Lumpkin (1992) sowie Engle und Ng (1993).

82 Auf Aktienmärkten werden bei Anwendung von Regressionsmodellen, wie z.B. beim Marktmodell ebenfalls nicht die Kurse gegeneinander regressiert sondern die Ersten Differenzen (Renditen).

83 Die Residuen wurden anhand eines Durbin-Watson Tests auf Autokorrelation überprüft.

7Y-Rate	a[a]	b[b]	CORR[c]	DW[d]	VR[e]
BLM	0,008	1,050	0,843	2,598	0,904
DRM	0,008	1,050	0,842	2,561	0,947
DRMA	0,006	1,058	0,850	2,584	0,969
OEKB	0,005	1,035	0,821	2,576	0,859
EE	0,005	1,042	0,849	2,612	0,957
DATA	0,004	1,024	0,841	2,524	0,982
REX	0,007	1,058	0,769	2,705	0,900
NS	0,006	1,059	0,846	2,504	0,928
NSMIN	0,005	1,042	0,841	2,637	0,953
NSFIX	0,006	1,051	0,853	2,570	0,956
VAS	0,009	1,058	0,824	2,578	0,874
VASR	0,011	1,084	0,871	2,577	0,905
CSPL	0,006	1,037	0,831	2,566	0,963
BSPL	0,030	1,387	0,290	2,980	1,554
CCW3	0,009	1,064	0,841	2,632	0,966
CCW5	0,009	1,082	0,823	2,710	0,981
SCH4	0,005	1,016	0,817	2,575	0,963
SCH6	0,012	1,127	0,547	3,032	1,104

Tabelle 4.11.: Verhalten des Referenzzinssatzes für siebenjährige Laufzeiten im Vergleich mit der Sekundärmarktrendite für jeden Monatsultimo aus dem Untersuchungszeitraum. Ergebnisse einer OLS-Regression unter Verwendung der Ersten Differenzen der Zeitreihen.

[a]) Ordinatenabstand der Regressionsgeraden (H_0: a = 0)
[b]) Steigung der Regressionsgeraden (H_0: b = 1)
[c]) Korrelationskoeffizient zwischen den beiden Zeitreihen
[d]) Durbin-Watson Statistik auf Autokorrelation der Residuen
[e]) Variance Ratio: Verhältnis der Varianz der geschätzten Referenzzinssätze in Relation zur Sekundärmarktrendite

3M-Rate	a[a]	b[b]	CORR[c]	DW[d]	VR[e]
BLM	-0,034	0,113	0,186	1,739	0,571
DRM	-0,151	-0,019	0,009	2,386	1,369
DRMA	-0,153	-0,495	0,195	2,798	0,801
OEKB	-0,158	-0,425	0,179	2,638	0,979
EE	-0,240	-0,495	0,074	2,748	4,408
DATA	-0,152	-0,702	0,322	2,791	0,609
REX	0,011	0,859	0,077	2,457	8,047
NS	0,051	1,934	0,027	2,951	271,904
NSMIN	-0,112	-1,193	0,153	2,605	3,692
NSFIX	-0,111	-0,905	0,354	2,682	0,489
VAS	-0,055	0,787	0,145	2,548	1,765
VASR	-0,107	0,219	0,077	2,436	1,020
CSPL	-0,089	-0,066	0,048	2,911	0,625
BSPL	0,324	4,525	0,074	2,771	259,907
CCW3	-0,143	-0,596	0,295	2,766	0,644
CCW5	-0,125	-0,122	0,029	2,244	1,826
SCH4	-0,268	-2,935	0,119	2,506	44,200
SCH6	0,249	5,446	0,093	2,527	261,124

Tabelle 4.12.: Verhalten des Referenzzinssatzes für dreimonatige Laufzeiten im Vergleich mit dem Dreimonatszins auf dem Geldmarkt für jeden Monatsultimo aus dem Untersuchungszeitraum. Ergebnisse einer OLS-Regression unter Verwendung der Ersten Differenzen der Zeitreihen.

[a]) Ordinatenabstand der Regressionsgeraden (H_0: a = 0)
[b]) Steigung der Regressionsgeraden (H_0: b = 1)
[c]) Korrelationskoeffizient zwischen den beiden Zeitreihen
[d]) Durbin-Watson Statistik auf Autokorrelation der Residuen
[e]) Variance Ratio: Verhältnis der Varianz der geschätzten Referenzzinssätze in Relation zum Dreimonatszins

Spread	a[a]	b[b]	CORR[c]	DW[d]	VR[e]
BLM	-0,015	0,066	0,321	2,568	0,043
DRM	0,092	-0,003	0,001	2,602	2,483
DRMA	0,061	-0,458	0,186	2,930	3,195
OEKB	0,071	-0,393	0,189	2,756	1,903
EE	0,152	-0,596	0,092	2,779	22,222
DATA	0,046	-0,643	0,312	2,908	2,190
REX	-0,022	1,056	0,097	2,452	34,374
NS	0,226	-5,511	0,080	2,971	1176,160
NSMIN	-0,036	-0,727	0,097	2,628	18,850
NSFIX	-0,008	-0,805	0,317	2,716	3,751
VAS	0,049	0,714	0,141	2,541	9,205
VASR	0,062	0,271	0,103	2,474	2,191
CSPL	0,026	-0,035	0,027	3,352	0,758
BSPL	0,110	-2,660	0,045	2,758	1092,120
CCW3	0,046	-0,517	0,256	2,911	1,621
CCW5	0,070	-0,510	0,130	2,255	5,026
SCH4	0,084	-4,929	0,207	2,495	205,909
SCH6	0,244	-1,821	0,032	2,533	1115,531

Tabelle 4.13.: Verhalten des Spreads zwischen dem Referenzzinssatzes für siebenjährige Laufzeiten und dem Referenzzinssatz für dreimonatige Laufzeiten im Vergleich mit dem Spread zischen der Sekundärmarktrendite und dem Dreimonatszins für jeden Monatsultimo aus dem Untersuchungszeitraum. Ergebnisse einer OLS-Regression unter Verwendung der Ersten Differenzen der Zeitreihen.

a) Ordinatenabstand der Regressionsgeraden (H_0: a = 0)
b) Steigung der Regressionsgeraden (H_0: b = 1)
c) Korrelationskoeffizient zwischen den beiden Zeitreihen
d) Durbin-Watson Statistik auf Autokorrelation der Residuen
e) Variance Ratio: Verhältnis der Varianz des geschätzten Spreads in Relation zum Spread zwischen Sekundärmarktrendite und Dreimonatszins

Betrachtet man Tabelle 4.11., so erkennt man ein großes Maß an Übereinstimmung zwischen der geschätzten Referenzzinssätze und der Sekundärmarktrendite. In nahezu allen Fällen ist ein großer Korrelationskoeffizient (über 0.8) und eine variance ratio von ungefähr eins bei einer ziemlich genau den Nullhypothesen entsprechenden Lage der Regressionsgeraden zu beobachten. Lediglich bei den B-Splines treten kleinere Abweichungen bei einem relativ niedrigen Korrelationskoeffizienten auf. Ein völlig anderes Bild ergibt sich beim Vergleich der Dreimonatszinssätze: Sehr niedrige Korrelationskoeffizienten und erhebliche Abweichungen der geschätzten Regressionsparameter von den Sollwerten können für alle Verfahren beobachtet werden. Hier dürfte die Auswirkung von "Ausreißern", die durch ein extremes Kurvenverhalten im kurzfristigen Bereich entstehen, einen besonderen Einfluß auf die Ergebnisse haben. Sehr deutlich wird dieser Umstand anhand der teilweise extrem großen variance ratios bei drei Verfahren. Logischerweise ergibt sich bei der Betrachtung des Verhaltens des term spreads ein ähnliches Bild, da die Schätzergebnisse der Dreimonatszinsen auch in diese Berechnung eingehen. Das bedeutet, daß die ermittelten kurzfristigen Zinsen und damit die term spreads ein von den Geldmarktzinsen extrem abweichendes Verhalten aufweisen und nicht als Surrogat für kurzfristige Zinsen in der Implementierung eines ökonomischen Modells verwendet werden sollten. Es sind letztlich verfahrensbedingte Abweichungen im kurzfristigen Bereich, die zu einem ökonomisch schwer erklärbaren Verhalten des term spreads führen. So sind bei Betrachtung von Geldmarkt und Sekundärmarktrendite *drei* Drehungen der Zinskurve (Vorzeichenwechsel des term spreads) im Untersuchungszeitraum zu beobachten, während bei allen Schätzverfahren (mit Ausnahme des Verfahrens von Bloomberg mit nur einer Drehung) die Zinskurve zwischen *sieben* und *vierzehn* Drehungen aufweist.

Ein möglicher Weg zur Verbesserung dieses Problemkreises könnte in der Einbeziehung von Geldmarktinstrumenten in die Zinskurvenschätzung liegen, um so die *Liquiditätslücke* für Anleihen mit einer Restlaufzeit von weniger als zwei Jahren zu schließen. Eine zweite Variante könnte in der Kontrolle der geschätzten Referenzzinssätze im Zeitablauf entweder durch geeignete ökonometrische Verfahren oder durch entsprechende Anwendung von Gleichgewichtsmodellen liegen. Beide Ansätze liegen jedoch jenseits der Aufgabenstellung dieser Arbeit, obwohl dadurch die Evaluierung von Schätzverfahren in bezug auf dieses Kriterium deutlich eingeschränkt ist.

4.5. Interpretation und Schlußfolgerungen

Ein erstes wichtiges Ergebnis dieser Untersuchung ist, daß die *Preisabweichungen* bei allen untersuchten Verfahren an absoluten Maßstäben gemessen *äußerst gering* sind (durchschnittliche MAD von 14.73 bp), und daß auch die Unterschiede zwischen den einzelnen Verfahren in Hinblick auf die Güte der Preisanpassung relativ klein sind. Dennoch scheinen Verfahren, die von einer direkten Schätzung der Zinsstruktur ausgehen, den Approximationen der Zinsstruktur durch die Renditestruktur generell überlegen zu sein. Besonders auffallend ist das gute Abschneiden des trivialen Verfahrens von Bloomberg, das von allen Verfahren zur Schätzung der Renditestruktur die kleinsten Preisabweichungen aufweist und im Vergleich zu den Verfahren zur direkten Schätzung der Zinsstruktur kaum zurückliegt. Bei der Interpretation der Ergebnisse ist allerdings zu beachten, daß die Güte der Preisanpassung bei den Verfahren zur Ermittlung der Renditestruktur in einem großen Ausmaß von der generellen Lage der Zinskurve abhängig ist. Die aus der Anwendung dieser Verfahren resultierenden Preisabweichungen sind umso größer je stärker die Neigung der Zinskurve ist, während im Spezialfall einer flachen Zinskurve die Preisabweichungen gleich groß wie bei Verfahren zur Ermittlung der Zinsstruktur sein sollten.

In bezug auf die Anwendbarkeit der Verfahren zeigt sich ein *trade off* zwischen einfachen und damit problemlos anwendbaren Verfahren und in der Qualität der Preisabweichung besseren, aber komplexeren und damit weniger anwendbaren Methoden. Einfache Verfahren zur Ermittlung der Renditestruktur (BLM, DRM, DRMA, OEKB, EE, DATA, NSFIX) waren im Durchschnitt in 97.7% der Fälle anwendbar; im Gegensatz dazu waren komplexere bzw. höher parametrisierte Renditestrukturverfahren (REX, NS, NSMIN, VAS, VASR) in nur 77.4% der Fälle anwendbar. Auch bei den Verfahren zur Ermittlung der Zinsstruktur waren einfachere Verfahren (CSPL, BSPL, CCW3, SCH4) mit 92.2% höher parametrisierten Verfahren (CCW5, SCH6) mit 82.0% im Durchschnitt überlegen. Lediglich das Verfahren von Bloomberg ist eine positive Ausnahme, denn es ist als einziges an allen Tagen des Untersuchungszeitraumes anwendbar, obwohl relativ kleine Preisabweichungen realisiert werden. Das Verfahren mit den mit Abstand geringsten Preisabweichungen hingegen, das Verfahren von Carleton und Cooper, muß aufgrund der äußerst geringen Anwendbarkeit in nur 12,6% der Fälle als für Österreich nicht einsetzbar betrachtet werden.

Die *Arbitragefreiheit* der ermittelten Zinsstrukturen ist mit wenigen Ausnahmen im wichtigsten *Laufzeitbereich zwischen einem und zehn Jahren* gewährleistet. In den Randbereichen treten vor allem bei vielen komplexeren Verfahren empfindliche Verletzungen der Arbitragefreiheitsbedingungen auf. Zinssätze im kurzfristigen Bereich, die mittels dieser Verfahren geschätzt werden, sollten daher nicht als Basis für weiterführende ökonomische Modelle (z.B. Optionspreismodelle) dienen. Es zeigt sich aber, daß neben den einfacheren Verfahren zur Bestimmung der Renditestruktur auch die McCulloch-Splines und die Approximationen nach Chambers, Carleton und Waldman bzw. Schaefer mit einer geringen Anzahl an Parametern zufriedenstellende Ergebnisse aufweisen.

Im Vergleich mit externen Vergleichszinssätzen treten bei allen Verfahren *Schwierigkeiten im kurzfristigen Bereich* auf. Eine Übereinstimmung zwischen Geldmarktzinsen und geschätzter Zinsstruktur ist aufgrund der verfahrensbedingt vorgegebenen Verlaufsmuster und der geringen Liquidität des Rentenmarktes im kurzfristigen Bereich nicht zu beobachten. Selbst die entscheidende Information – *die generelle Lage der Zinskurve* – kann von keinem Verfahren einwandfrei gegeben werden. Dieses Problem kann offensichtlich nur mit der Einbeziehung von Geldmarktinstrumenten in das Ermittlungsverfahren oder der teilweisen Parameterschätzung aus Zeitreihen gelöst werden.

Sowohl bei der Überprüfung der Arbitragefreiheit als auch beim Vergleich mit externen Referenzzinssätzen ist das "extreme" Verhalten mancher Schätzergebnisse in den Randbereichen das größte Problem. Es kann gezeigt werden, daß dieses Verhalten eher durch die vom jeweiligen Verfahren *vorgegebene funktionale Struktur* der Zinskurve verursacht wird. Da diese extremen Kurvenverläufe auch an Tagen mit vergleichsweise vielen in die Schätzung eingehenden Anleihen zu beobachten sind, scheint das Extremverhalten nicht von der für Österreich spezifischen sehr geringen Anzahl von gehandelten Anleihen abhängig zu sein. Es sollten daher die Ergebnisse aller Verfahren, bei denen ein extremes Verhalten in den Randbereichen zu beobachten ist, im allgemeinen nur über ein Laufzeitspektrum von beispielsweise ein bis zehn Jahren ökonomisch interpretiert werden. Für viele Anwendungsgebiete würde dies allerdings eine deutliche Einschränkung im praktischen Einsatz der Schätzergebnisse bedeuten.

Zusammenfassend scheinen *sehr einfache Verfahren besser* zu sein als man ex ante annehmen könnte. Vor allem das Verfahren von Bloomberg hat kaum schwerwiegende Nachteile aufzuweisen und kann für einige Zielsetzungen, für die eine diskrete Zinsstruktur ausreichend ist, als das wahrscheinlich geeignetste Verfahren angesehen werden. Komplexere Verfahren zur Schätzung der Renditestruktur, insbesondere die REX-Methode und das Verfahren von Nelson und Siegel, können hingegen keine deutlichen Vorteile aufweisen. Die flexible Anpassungsmöglichkeit der Zinskurve, die der eigentliche Vorteil dieser Verfahren ist, kann ebensogut durch die Anwendung des Gleichgewichtsmodell von Vasicek erreicht werden. Von den Verfahren zur Ermittlung der Zinsstruktur sind die Verfahren mit einer geringen Anzahl an Parametern mit den wenigsten Problemen verbunden, wobei allerdings der Vorteil in der Preisanpassung gegenüber dem Verfahren von Bloomberg nur mehr sehr gering ausfällt.

5. Schlußbemerkungen

Es konnte in dieser Arbeit gezeigt werden, daß unter der Annahme eines *perfekten* Anleihemarktes eine sehr wesentliche Beziehung zwischen Zinsstruktur und Arbitragefreiheit besteht. Wird der Begriff *Zinsstruktur* als *Menge aller Beziehungen zwischen dem Endwert und dem Gegenwartswert einer einmaligen Zahlung in Abhängigkeit vom Zeitpunkt dieser Zahlung* definiert, so gelten *zwei zentrale Implikationen*: Zum einen impliziert ein arbitragefreier Anleihemarkt die Existenz einer eindeutigen Zinsstruktur (d.h. jeder Laufzeit ist genau ein Zinssatz zugeordnet) mit stets nichtnegativen Kassa- und Terminzinssätzen. Zum anderen impliziert die Existenz einer Zinsstruktur mit genau diesen Eigenschaften wiederum einen arbitragefreien Anleihemarkt. Voraussetzung für die Gültigkeit dieser Aussagen ist die Möglichkeit jederzeit unverzinste Kassenhaltung betreiben zu können und die *Vollständigkeit* des Anleihemarktes (d.h. die Anzahl der linear unabhängigen Zahlungsströme ist genau gleich der Anzahl aller Zahlungszeitpunkte im Gesamtmarkt).

Ausgehend von diesen theoretischen Überlegungen wird versucht, Verfahren zu entwikkeln, die aus den *beobachtbaren* Zahlungsströmen und deren Preisen die an sich *nicht beobachtbare* Zinsstruktur ermitteln. Während auf vollständigen und arbitragefreien Märkten die Zinsstruktur *direkt* aus der Zahlungsstrommatrix und dem Preisvektor *berechnet* werden kann, kann in der Realität auf nicht arbitragefreien Märkten die Zinsstruktur nur mehr mit unterschiedlichen Verfahren *geschätzt* werden. Entscheidend bei der Entwicklung solcher Schätzverfahren ist, ob die Vollständigkeit des Rentenmarktes gegeben ist.

Auf einem vollständigen Anleihemarkt kann die Zinsstruktur durch *Minimierung der Preisabweichungen* (d.h. der Unterschiede zwischen den beobachteten Marktpreisen und den durch Abzinsen mit den geschätzten Zinssätzen berechneten Modellpreisen) ermittelt werden. Auf nicht vollständigen Märkten müssen Schätzverfahren angewendet werden, die von zusätzlichen modellendogenen Annahmen über den Verlauf der Zinsstruktur ausgehen. Es ist also letztlich eine nur *empirisch* zu beantwortende Frage, welches spezielle Ver–

fahren zur Ermittlung der Zinsstruktur auf einem bestimmten Rentenmarkt das geeignetste ist.

Die Hauptprobleme, die bei der Ermittlung der Zinsstruktur auf dem österreichischen Rentenmarkt auftreten, hängen in erster Linie mit der geringen Anzahl an gehandelten Anleihen zusammen. Der Markt an sich ist *nicht vollständig*, und dieses Problem wird dadurch verschärft, daß durch den unregelmäßigen Handel vieler Anleihen vor allem im kurzfristigen Bereich notwendige Informationen nicht in das Schätzverfahren eingehen können. Viele Methoden reagieren darauf sehr empfindlich, und die Folge davon sind geschätzte Zinsstrukturen, die der ökonomischen Intuition oder gar der Arbitragefreiheitsbedingung widersprechen. Insbesondere das Verhalten der Zinsstruktur als ganzes im Zeitablauf wird durch Verfahren dieser Art in keiner Weise kontrolliert. Es könnte daher auch für den österreichischen Markt von großem Interesse sein, bei der Ermittlung der Zinsstruktur die zusätzliche Dimension der *Vergangenheit der Zinsstruktur* in die Schätzverfahren miteinzubeziehen.

Aus der Sicht des heutigen Standes der Literatur scheinen vor allem zwei Wege in der Zukunft sehr bedeutend zu sein: Das Konzept der *Cointegration*[84] als rein ökonometrischer Ansatz und die Weiterentwicklung der *empirischen Anwendung von Gleichgewichtsmodellen*[85]. Mithilfe des Konzeptes der Cointegration kann versucht werden, simultan zur Zinsstrukturschätzung das Zeitreihenverhalten von Referenzzinssätzen zu modellieren, wobei man auf ein ausgeprägtes ökonometrisches Instrumentarium zurückgreifen kann. Die empirische Anwendung von Gleichgewichtsmodellen ist vor allem in Hinblick auf die Operationalisierung von Modellen zur Bewertung von Optionen auf zinsreagible Basispapiere als bedeutender erster Schritt in diese Richtung zu sehen.

Für den gegenwärtigen Stand der *Praxis in Österreich* kann aufgrund der vorliegenden Ergebnisse recht eindeutig die Aussage gemacht werden, daß die bereits heute verwendeten Verfahren, wie z.B. die Zinskurvenschätzungen von *Bloomberg* oder von *Datastream*,

---

84 vgl. Bradley und Lumpkin (1992), Mougoué (1992) sowie Engle und Ng (1993).

85 vgl. Brown und Dybvig (1986) sowie Chan, et al. (1992).

zumindest keine entscheidenden Nachteile gegenüber anderen Verfahren aufweisen. Auch die von der Deutschen Bundesbank und der Österreichischen Kontrollbank entwickelten und publizierten Methoden sind unter der Einschränkung des relativ unflexiblen Kurvenverlaufes anderen Verfahren kaum unterlegen.

6. Literaturverzeichnis

Beer, U.:

Eine Methode zur Schätzung der Zinsstruktur in der Schweiz, Schweizerische Zeitschrift für Volkswirtschaft und Statistik, 1991, S. 39–50.

Bierwag, G.O.:

Theories of the Term Structure, in: Kaufman, G.G. (ed.), Research in Financial Services 1, Greenwich 1989, S. 79–111.

Bradley, M.G., Lumpkin, S.A.:

The Treasury Yield Curve as a Cointegrated System, Journal of Financial and Quantitative Analysis 27, 1992, S. 449–464.

Brandner, P.:

Zins- und Renditestrukturschätzungen für Bundesanleihen auf dem österreichischen Rentenmarkt, in: Steiner, P. (Hrsg.): Banking and Finance, Tagungsband des 2. Workshops der Austrian Working Group on Banking and Finance Dezember 1992, Diskussionsreihe Bank&Börse - Band 6, Wien 1993.

Brandner, P., Jaeger, A.:

Zinsniveau und Zinsstruktur in Österreich, WIFO, Wien, September 1992.

Brown, S.J., Dybvig, P.H.:

The Empirical Implications of the Cox, Ingersoll, Ross Theory of the Term Structure of Interest Rates, Journal of Finance 41, 1986, S. 183–193.

Bühler, W., Schulze, M.:

Estimation of the Transition Behaviour of Term Structures of Interest Rates, Statistical Papers 32, 1991, S. 281–297.

Buono, M., Gregory-Allen, R.B., Yaari, U.:

The Efficacy of Term Structure Estimation Techniques: A Monte Carlo Study, The Journal of Fixed Income, March 1992, S. 52–63.

Bußmann, J.:

Die Bestimmung der Zinsstruktur am deutschen Kapitalmarkt, Kredit und Kapital 22, 1989, S. 117–137.

Carleton, W.T., Cooper, I.A.:

Estimation and Uses of the Term Structure of Interest Rates, Journal of Finance 31, 1976, S. 1067–1083.

Chambers, D.R., Carleton, W.T., Waldman, D.W.:

A New Approach to Estimation of the Term Structure of Interest Rates, Journal of Financial and Quantitative Analysis 19, 1984, S. 233–252.

Chan, K.C., Karoly, G.A., Longstaff, F.A., Sanders, A.B.:

An Empirical Comparison of Alternative Models of the Short-Term Interest Rate, Journal of Finance 47, 1992, S. 1209–1227.

Cox, J.C., Ingersoll, J.E., Ross, S.A.:

An Intertemporal General Equilibrium Model of Asset Prices, Econometrica 53, 1985a, S. 363–384.

Cox, J.C., Ingersoll, J.E., Ross, S.A.:

A Theory of the Term Structure of Interest Rates, Econometrica 53, 1985b, S. 385–407.

De Munnik, J.F., Schotman P.C.:

Cross Sectional versus Time Series Estimation of Term Structure Models: Empirical Results for the Dutch Bond Market, Working Paper, Erasmus University and University of Limburg, 1992.

Deppner, C., Kischka, P.:

Schätzungen der Zinsstruktur, in: Heilmann, W.-R. (Hrsg.), Geld, Banken und Versicherungen, Band 1, Karlsruhe 1990.

Dermody, J.C., Rockafellar, R.T.:

Cash Stream Valuation in the Face of Transaction Costs and Taxes, Mathematical Finance 1, 1991, S. 31–54.

Diament, P.:

Semi-Empirical Smooth Fit to the Treasury Yield Curve, The Journal of Fixed Income, June 1993, S. 55–70.

Ebertz, T.:

Arbitragetheoretische Bewertung von Index-Anleihen, Berlin 1992.

Echols, M.E., Elliott, J.W.:
A Quantitative Yield Curve Model for Estimating the Term Structure of Interest Rates, Journal of Financial and Quantitative Analysis 11, 1976, S. 87–114.

Engle, R.F., Ng, V.K.:
Time–Varying Volatility and the Dynamic Behavior of the Term Structure, Journal of Money, Credit and Banking 25, 1993, S.336–349.

Fisher, D.:
Expectations, the Term Structure of Interest Rates, and Recent British Experience, Economica 31, 1966, S. 319–329.

Franke, G.:
Operative Steuerung der Geldanlage in festverzinslichen Wertpapieren, Zeitschrift für Betriebswirtschaftliche Forschung, Sonderheft 16, 1983, S. 49–71.

Gill, P.E., Murray, W., Saunders, M.A., Wright, M.H.:
Constrained Nonlinear Programming, in: Nemhauser, G.L., Rinnooy Kan, A.H.G., Todd, M.J. (Hrsg.): Handbooks in Operations Research and Management Science, Volume 1, Optimization, Amsterdam 1989.

Hesse, H., Roth, G.:
Die Zinsstruktur als Indikator der Geldpolitik?, Kredit und Kapital, 1992, Heft 1, S. 1–25.

Holzer, C.S.:
Anlagestrategien in festverzinslichen Wertpapieren, Wiesbaden 1990.

Hull, J., White, A.:
Pricing Interest–Rate–Derivative Securities, The Review of Financial Studies 3, 1990, S. 573–592.

Jamshidian, F.:
An Exact Bond Option Formula, Journal of Finance 44, 1989, S. 205–209.

Jordan, J.V.:
Tax Effects in Term Structure Estimation, Journal of Finance 39, 1984, S. 393–406.

Langetieg, T.C., Smoot, J.S.:
Estimation of the Term Structure of Interest Rates, in: Kaufman, G.G. (ed.), Research in Financial Services 1, Greenwich 1989, S. 181–222.

Lassak, G.:

Zur Bestimmung der Zinsstruktur am deutschen Rentenmarkt. Eine empirische Notiz, Diskussionspapier Nr. 140, Institut für Entscheidungstheorie und Unternehmensforschung, Universität Karlsruhe (TH), März 1990.

Lassak, G.:

Estimation of the term structure of interest rates with German government bonds, Statistical Papers 32, 1991, S. 321–330.

Lassak, G.:

Test of a Simple Bond Pricing Model with German Government Bonds, Discussion Paper 140, Institut für Entscheidungstheorie und Unternehmensforschung, Universität Karlsruhe (TH), Februar 1992.

Longstaff, F.A., Schwartz, E.S.:

Implementation of the Longstaff–Schwartz Interest Rate Model, Journal of Fixed Income, September 1993, S. 7–14.

McCulloch, J.H.:

Measuring the Term Structure of Interest Rates, Journal of Business 44, 1971, S. 19–31.

McCulloch, J.H.:

The Tax–Adjusted Yield Curve, Journal of Finance 30, 1975, S. 811–830.

Mougoué, M.:

The Term Structure of Interest Rates as a Cointegrated System: Empirical Evidence from the Eurocurrency Market, Journal of Financial Research 15, 1992, S. 285–296.

Nelson, C.R., Siegel, A.F.:

Parsimonious Modeling of Yield Curves, Journal of Business 60, 1987, S. 473–489.

Nuske, M.:

Die Bestimmung der impliziten Kapitalmarktdiskontierung zur Bewertung von Anleihen und Obligationen, Diskussionspapier Nr. 49, Institut für Entscheidungstheorie und Unternehmensforschung, Universität Karlsruhe (TH), August 1983.

O'Brien, T.J.:

A Simple Binomial No–Arbitrage Model of the Term Structure, Monograph Series in Finance and Economics, 1991–4, Salomon Center, New York University.

o. V.:

Kapitalmarktdokumentation Dezember 91, Österreichische Kontrollbank AG (Hrsg.), Wien 1991.

o. V.:

Statistische Beihefte zu den Monatsberichten der Deutschen Bundesbank, Reihe 2, Wertpapierstatistik, Deutsche Bundesbank, Frankfurt 1992.

o. V.:

Statistisches Monatsheft 2/1992, Oesterreichische Nationalbank (Hrsg.), Wien 1992.

o.V.:

The Austrian Bond Market, Austrian Bond Commission – Österreichische Vereinigung für Finanzanalyse und Anlageberatung (Hrsg.), Wien 1993.

o. V.:

Wöchentliches Rentenmarktservice der Österreichischen Kontrollbank AG, Nummer 3 vom 19. 9. 1989, Österreichische Kontrollbank, Wien 1989.

Poirier, D.J.:

Piecewise Regression Using Cubic Splines, Journal of the American Statistical Association 68, September 1973, S. 515–524.

Prisman, E.Z.:

A Unified Approach to Term Structure Estimation: A Methodology for Estimating the Term Structure in a Market with Frictions, Journal of Financial and Quantitative Analysis 25, 1990, S. 127–142.

Röhrs, M.:

Empirischer Vergleich von Zinsstrukturfunktionen anhand öffentlicher Anleihen der Bundesrepublik Deutschland, ZfB 61, 1991, S. 919–940.

Sandmann, K.:

Arbitrage und die Bewertung von Zinssatzoptionen, Heidelberg 1991.

Sauer, A.:

Arbitragemöglichkeiten am deutschen Rentenmarkt – Eine empirische Untersuchung, Frankfurt 1989.

Schaefer, S.:

Measuring a Tax–Specific Term Structure of Interest Rates in the Market for British Government Securities, The Economic Journal 91, 1981, S. 415–438.

Schoenberg, R.:

Optimization, Einführungstext zum Handbuch "Optimization" für das GAUSS 3.0. Applikationsmodul OPTMUM, Maple Valley 1992.

Shea, G.S.:

Pitfalls in Smoothing Interest Rate Term Structure Data: Equilibrium Models and Spline Approximations, Journal of Financial and Quantitative Analysis 19, 1984, S. 253–269.

Shea, G.S.:

Interest Rate Term Structure Estimation with Exponential Splines: A Note, Journal of Finance 40, 1985, S. 319–325.

Steeley, J.M.:

Estimating the Gilt–Edged Term Structure: Basis Splines and Confidence Intervals, Journal of Business, Finance & Accounting 18 (4), 1991, S. 513–529.

Uhlir, H., Steiner, P.:

Wertpapieranalyse, Heidelberg 1991.

Uhrig, M., Walter, U.:

Term Structure of Interest Rates, Consistent Risk Attitudes, and Preference–Free Option Prices, Working Paper, Universität Mannheim, 1993.

Van Horne, J.C.:

Financial Market Rates and Flows, Englewood Cliffs 1990.

Vasicek, O.:

An Equilibrium Characterization of the Term Structure, Journal of Financial Economics 5, 1977, S. 177–188.

Vasicek, O., Fong, G.:

Term Structure Modeling Using Exponential Splines, Journal of Finance 37, 1982, S. 339–348.

Wilhelm, J., Brüning, L.:
Die Fristigkeitsstruktur der Zinssätze: Theoretisches Konstrukt und empirische Evaluierung, Kredit und Kapital, 1992, Heft 2, S. 259–294.

Zirknitzer, H.:
Die empirische Bestimmung der Term Structure am österreichischen Rentenmarkt, Diplomarbeit, 1991, Universität Graz.

7. Anhang A

Beweis von Satz 1:

Ausgehend von Definition 3a läßt sich ein primales LP formulieren:

$$P: \quad G(x) = p' \cdot x \rightarrow Min!$$

$$bzgl. \quad Z' \cdot x \geq 0 \qquad (74)$$

$$x \in \mathbf{R}^I$$

0 (Jx1)–Nullvektor

Das duale Programm zu (74) lautet:

$$D: \quad Q(d) = 0' \cdot d \rightarrow Max!$$

$$bzgl. \quad Z \cdot d = p \qquad (75)$$

$$d \geq 0$$

<u>(a) ⇒ (b):</u>
Die Lösungsmenge von P ist wegen der Arbitragefreiheit beschränkt und trivialerweise nicht leer. Daher besitzt P eine Optimallösung und aufgrund der Dualität besitzt D ebenfalls eine Optimallösung. Es existiert daher mindestens ein d mit Zd = p und d ≥ 0, und wegen Rg(Z) = J existiert ein eindeutiges d.

<u>(b) ⇒ (a):</u>
Aus Aussage (b) folgt, daß D genau eine Lösung d besitzt. Diese Lösung mit einem Zielfunktionswert von Q(d) ≥ 0 ist demnach die Optimallösung von D. Aufgrund der Dualität besitzt auch P eine Optimallösung mit $G^*(x) \geq 0$.
QED.

Beweis von Satz 2:

Ausgehend von Definition 3b läßt sich ein primales LP formulieren:

$$
\begin{aligned}
P:\quad & G(x) = p'\cdot x + e'\cdot y \rightarrow Min!\\
& bzgl.\quad Z'\cdot x + E\cdot y \geq 0\\
& x \in \mathbb{R}^I,\ y \geq 0
\end{aligned}
\tag{76}
$$

Das duale Programm zu (76) lautet:

$$
\begin{aligned}
D:\quad & Q(d) = 0'\cdot d \rightarrow Max!\\
& bzgl.\quad Z\cdot d = p\\
& E\cdot d \leq e\\
& d \geq 0
\end{aligned}
\tag{77}
$$

<u>(a) ⇒ (b):</u>

Die Lösungsmenge von P ist wegen der Arbitragefreiheit beschränkt und trivialerweise nicht leer. Daher besitzt P eine Optimallösung und aufgrund der Dualität besitzt D ebenfalls eine Optimallösung. Es existiert daher mindestens ein d mit Zd = p und $0 \leq d \leq 1$, und wegen Rg(Z) = J existiert ein eindeutiges d.

<u>(b) ⇒ (a):</u>

Aus Aussage (b) folgt, daß D genau eine Lösung d besitzt. Diese Lösung mit einem Zielfunktionswert von $Q(d) \geq 0$ ist demnach die Optimallösung von D. Aufgrund der Dualität besitzt auch P eine Optimallösung mit $G^*(x) \geq 0$.

QED.

Beweis von Satz 3:

Ausgehend von Definition 3c läßt sich ein primales LP formulieren:

$$P: \quad G(x) = p'\cdot x + e'\cdot y + 0'_{J-1}\cdot z \rightarrow Min!$$

$$bzgl. \quad Z'\cdot x + E\cdot y + H'\cdot z \geq 0 \qquad (78)$$

$$x \in \mathbf{R}^I, \; y \geq 0, \; z \geq 0$$

Das duale Programm zu (78) lautet:

$$D: \quad Q(d) = 0'\cdot d \rightarrow Max!$$

$$bzgl. \quad Z\cdot d = p$$

$$E\cdot d \leq e \qquad (79)$$

$$H\cdot d \leq 0$$

$$d \geq 0$$

(a) ⇒ (b):

Die Lösungsmenge von P ist wegen der Arbitragefreiheit beschränkt und trivialerweise nicht leer. Daher besitzt P eine Optimallösung und aufgrund der Dualität besitzt D ebenfalls eine Optimallösung. Es existiert daher mindestens ein d mit Zd = p und $0 \leq d \leq 1$, für das gilt $d_s \leq d_r$ ($\forall\ t_r < t_s$), und wegen Rg(Z) = J existiert ein eindeutiges d.

(b) ⇒ (a):

Aus Aussage (b) folgt, daß D genau eine Lösung d besitzt. Diese Lösung mit einem Zielfunktionswert von $Q(d) \geq 0$ ist demnach die Optimallösung von D. Aufgrund der Dualität besitzt auch P eine Optimallösung mit $G^*(x) \geq 0$.

QED.

Erweiterung von Satz 3 bei der Existenz eines bid/ask-spreads:

Durch die Existenz von unterschiedlichen An- und Verkaufskursen existieren in einem Anleihemarkt zwei Preisvektoren p_1 und p_2, wobei gilt:

$$p_{1i} \geq p_{2i} \qquad \forall \; i = 1, \ldots, I \tag{80}$$

Das heißt, ein Zahlungsstrom i kann nur um den Preis p_{1i} erworben werden und nur um den Preis p_{2i} (leer)verkauft werden. Folglich wird auch eine Tradingstrategie durch zwei Vektoren x_1 und x_2 beschrieben. Die Elemente in x_1 geben die Kaufpositionen in den einzelnen Anleihen an, während die Elemente in x_2 die Verkaufspositionen angeben. Es gilt im Gegensatz zu vorhin:

$$x_1, x_2 \geq 0 \tag{81}$$

Ausgehend von diesen zusätzlichen Definitionen wird folgender Satz formuliert:

Satz 4:

Auf vollständigen Märkten sind folgende Aussagen äquivalent:

(a) Der Markt ist arbitragefrei im Sinne von Definition 3c.

(b) Es existiert eine Zinsstruktur $0 \leq d \leq 1$, für die gilt $d_s \leq d_r$ ($\forall \; t_r < t_s$) und $p_2 \leq Zd \leq p_1$.

Beweis:

Die entsprechende Erweiterung von Definition 3c führt zu folgendem primalen Programm:

$$
\begin{aligned}
& G(x) = p_1' \cdot x_1 - p_2' \cdot x_2 + e' \cdot y + 0_{J-1}' \cdot z = Min! \\
& bzgl. \quad Z' \cdot x_1 - Z' \cdot x_2 + E \cdot y + H \cdot z \geq 0 \\
& x_1 \geq 0,\ x_2 \geq 0,\ y \geq 0,\ z \geq 0
\end{aligned}
\tag{82}
$$

Das duale Programm zu (82) lautet:

$$
\begin{aligned}
& Q(d) = 0' \cdot d = Max! \\
& bzgl. \quad p_2 \leq Z \cdot d \leq p_1 \\
& E \cdot d \leq e \\
& H \cdot d \leq 0 \\
& d \geq 0
\end{aligned}
\tag{83}
$$

Der Rest des Beweises ist analog zum Beweis von Satz 1.

Beweis von 3.4.1. (57)

Gegeben ist die Funktion:

$$r(t) = a_0 + a_1 \cdot t + a_2 \cdot \ln(t) \qquad \forall\, t > 0;\ a_0 > 0;\ a_1 > 0 \tag{84}$$

Erfüllt sein muß die Ungleichung:

$$\frac{r(t)}{t} > -\frac{\partial r(t)}{\partial t} \tag{85}$$

Durch Bilden der ersten Ableitung und Umformen erhält man:

$$a_0 + 2a_1 t + a_2 \cdot (1 + \ln t) > 0 \tag{86}$$

Für $a_2 \geq 0$ ist Ungleichung (86) immer erfüllt. Von Interesse ist nun der Fall negativer a_2. Zunächst werden die Grenzen des Laufzeitintervalles $\langle 0,\infty \rangle$ untersucht. Für $a_1 > 0$ und $a_2 < 0$ ist der Grenzwert der linken Seite von (86) an beiden Enden des Intervalls positiv. Darüberhinaus kann man zeigen, daß die linke Seite von (86) an der Stelle t^* ihr einziges Minimum annimmt.

$$t^* = -\frac{a_2}{2a_1} \tag{87}$$

Ist Ungleichung (86) an der Stelle t^* erfüllt, gilt (86) über dem gesamten Laufzeitbereich. Durch Einsetzen erhält man folgende nichtlineare Restriktion:

$$\begin{aligned} & a_0 + 2a_1 t^* + a_2 \cdot (1 + \ln t^*) > 0 \\ \Leftrightarrow \quad & a_0 + a_2 \cdot \ln\left(-\frac{a_2}{2a_1}\right) > 0 \end{aligned} \tag{88}$$

QED.

8. Anhang B

Verzeichnis der Abbildungen

Abbildung 4.11.:
Renditestruktur nach dem Verfahren der Deutschen Bundesbank ohne Berücksichtigung des Kupons für den 13. März 1991.

Abbildung 4.12.:
Renditestruktur nach dem Verfahren der Österreichischen Kontrollbank für den 13. März 1991.

Abbildung 4.13.:
Renditestruktur nach dem Verfahren von Echols und Elliott (1976) für den 13. März 1991.

Abbildung 4.14.:
Renditestruktur nach Datastream für den 13. März 1991.

Abbildung 4.15.:
Renditestruktur nach der REX-Methode für den 13. März 1991.

Abbildung 4.16.:
Renditestruktur nach dem Verfahren von Nelson und Siegel (1987) mit Nichtlinearer Optimierung nach der BFGS-Methode für den 13. März 1991.

Abbildung 4.17.:
Renditestruktur nach dem Verfahren von Nelson und Siegel (1987) mit grid search für den 13. März 1991.

Abbildung 4.18.:
Renditestruktur nach dem Verfahren von Nelson und Siegel (1987) mit einem fixen τ von 1.51 für den 13. März 1991.

Abbildung 4.19.:
Approximation der Zinsstruktur durch die Renditestruktur nach Vasicek (1977) für den 13. März 1991.

Abbildung 4.20.:
Approximation der Zinsstruktur durch die Renditestruktur nach Vasicek (1977) mit Beschränkung des Varianzparameters für den 13. März 1991.

Abbildung 4.21.:
Approximation der Diskontierungsfunktion durch kubische Splines nach McCulloch für den 13. März 1991.

Abbildung 4.22.:
Approximation der Diskontierungsfunktion durch B-Splines für den 13. März 1991.

Abbildung 4.23.:
Approximation der Zinsstruktur durch ein Polynom 3. Grades nach Chambers, Carleton und Waldman (1984) für den 13. März 1991.

Abbildung 4.24.:
Approximation der Zinsstruktur durch ein Polynom 5. Grades nach Chambers, Carleton und Waldman (1984) für den 13. März 1991.

Abbildung 4.25.:
Approximation der Diskontierungsfunktion durch ein Polynom 4. Grades nach Schaefer (1981) für den 13. März 1991.

Abbildung 4.26.:
Approximation der Diskontierungsfunktion durch ein Polynom 6. Grades nach Schaefer (1981) für den 13. März 1991.

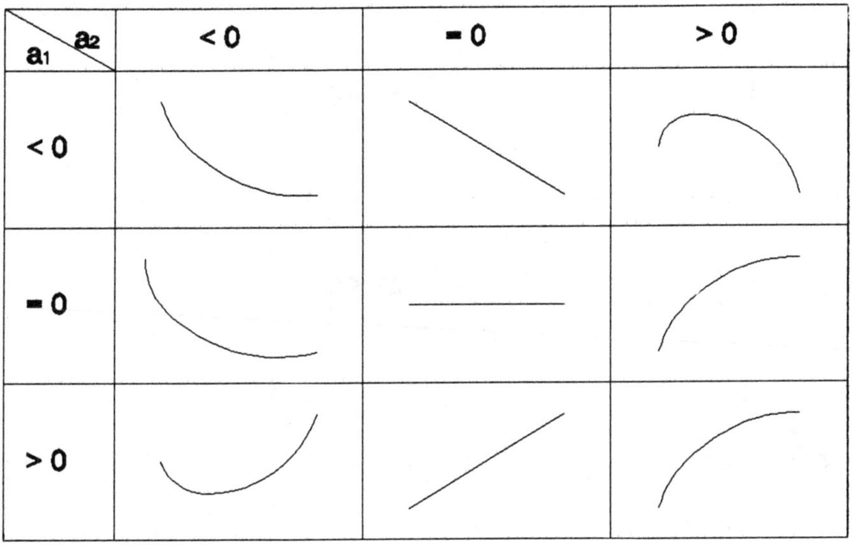

Abbildung 3.1.:

Mögliche Kurvenverläufe für das Verfahren der Deutschen Bundesbank in Abhängigkeit von den Vorzeichen der Parameter.

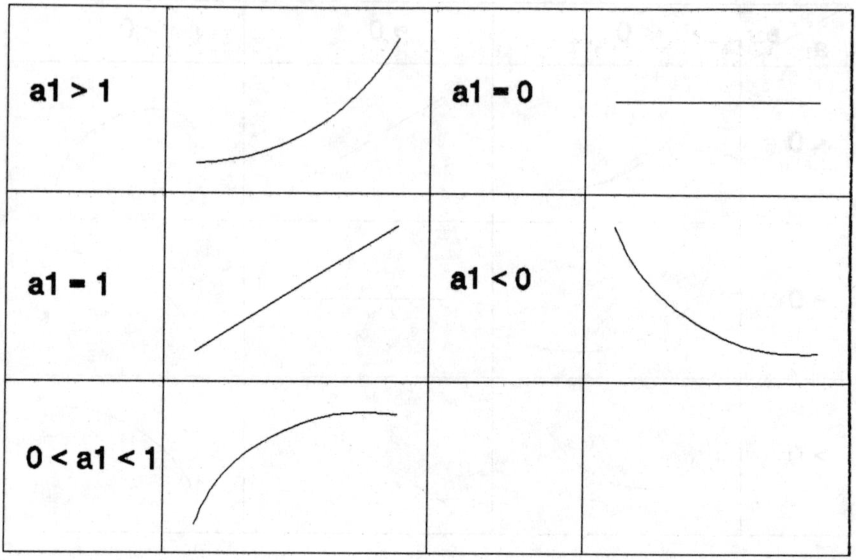

Abbildung 3.2.:

Mögliche Kurvenverläufe für das Verfahren der Österreichischen Kontrollbank in Abhängigkeit vom Parameter a_1.

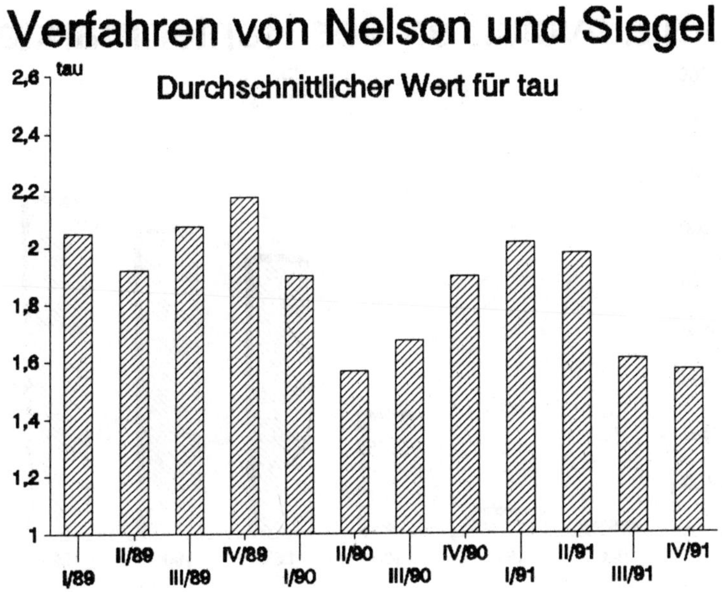

Abbildung 3.3.:

Arithmetisches Mittel der Schätzwerte für τ je Quartal für den österreichischen Rentenmarkt.

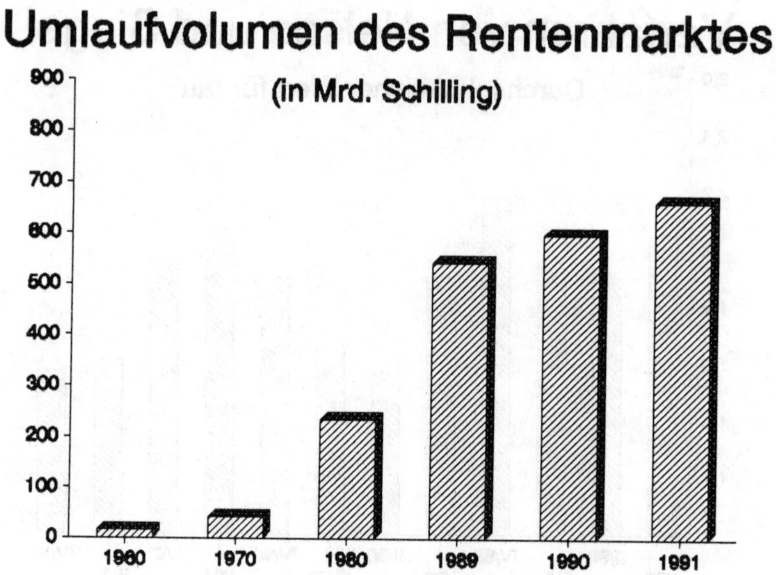

Abbildung 4.1.: (Quelle: ÖKB und OeNB)

Entwicklung des Umlaufvolumens am österreichischen Rentenmarkt seit 1960 (Werte zum Jahresultimo in Milliarden öS).

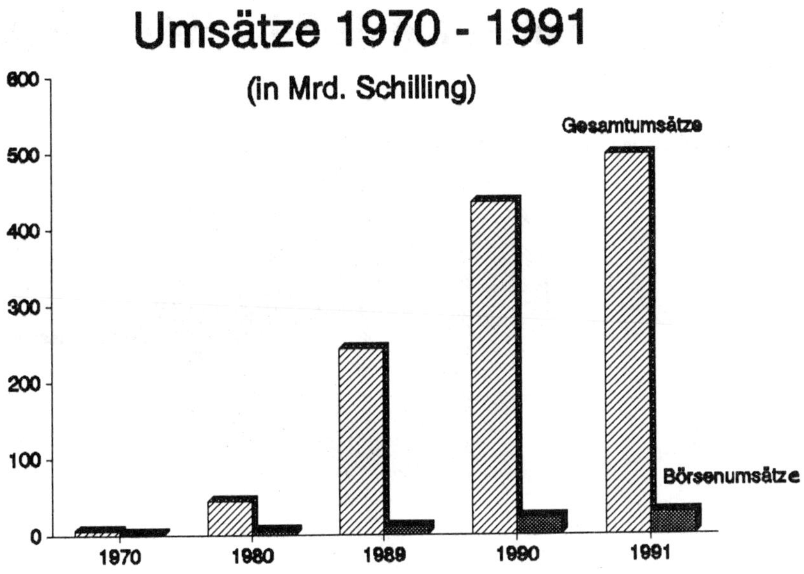

Abbildung 4.2.: (Quelle: ÖKB)

Entwicklung der Gesamtumsätze und der Börsenumsätze am österreichischen Rentenmarkt seit 1970 (Werte mit Doppelzählung in Milliarden öS).

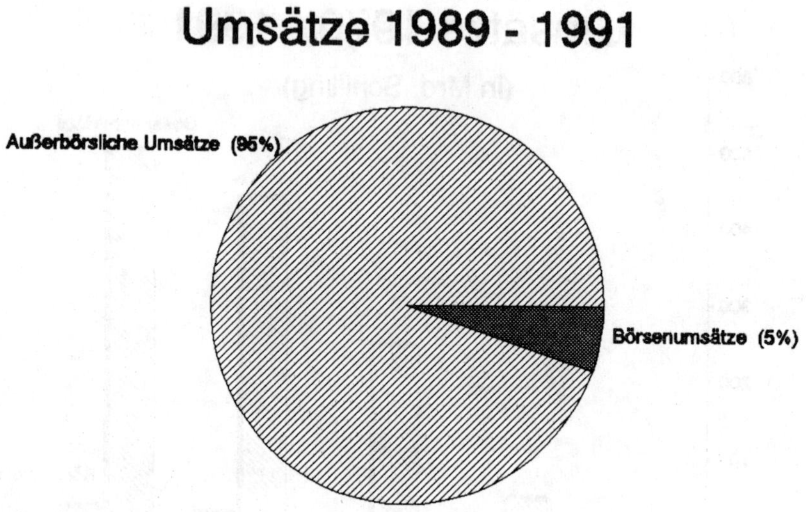

Abbildung 4.3.: (Quelle: ÖKB)

Anteil der außerbörslichen Umsätze und der Börsenumsätze in der Untersuchungsperiode.

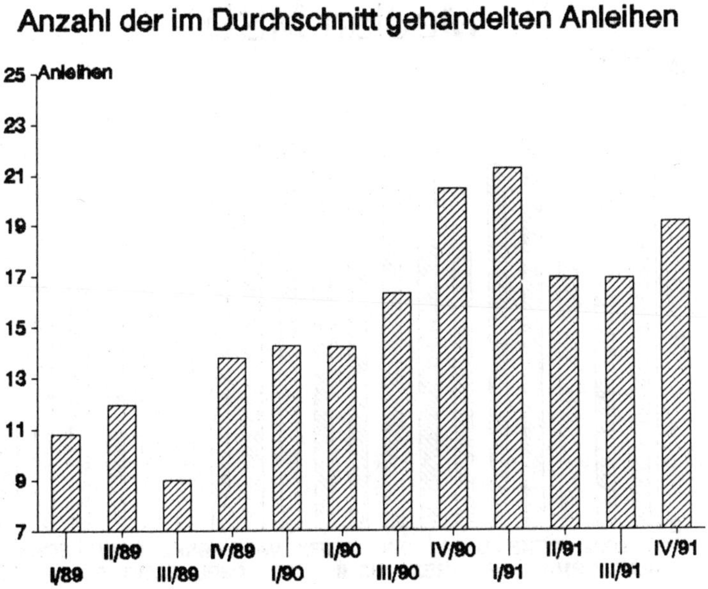

Abbildung 4.4.:

Anzahl der im Durchschnitt pro Tag an der Wiener Börse gehandelten unkündbaren, festverzinslichen Bundesanleihen mit einmaliger Tilgung.

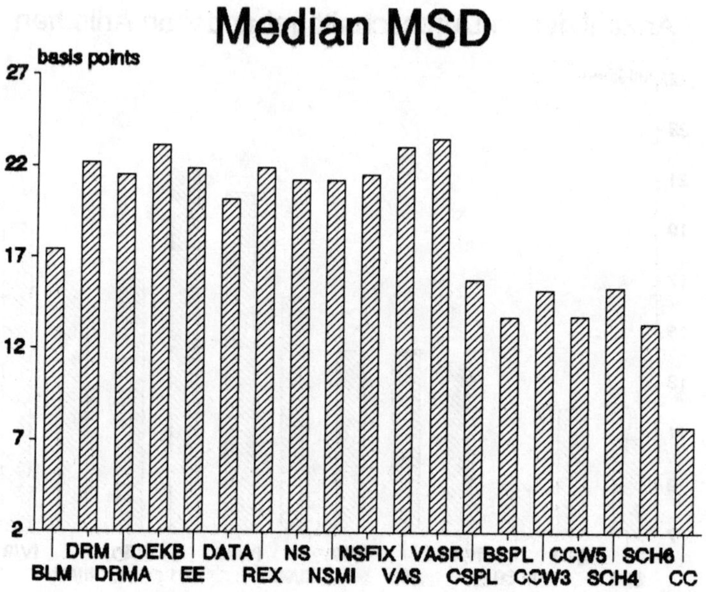

Abbildung 4.5.:

Mediane der Mean Square Deviations (MSD) für jedes Verfahren über 63 Tage aus dem Untersuchungszeitraum, an denen jedes Verfahren durchführbar war.

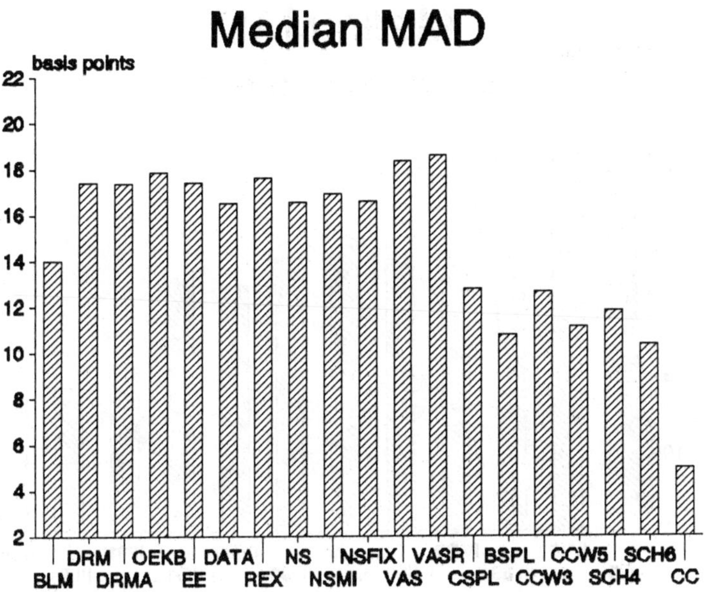

Abbildung 4.6.:

Mediane der Mean Absolute Deviations (MAD) für jedes Verfahren über 63 Tage aus dem Untersuchungszeitraum, an denen jedes Verfahren durchführbar war.

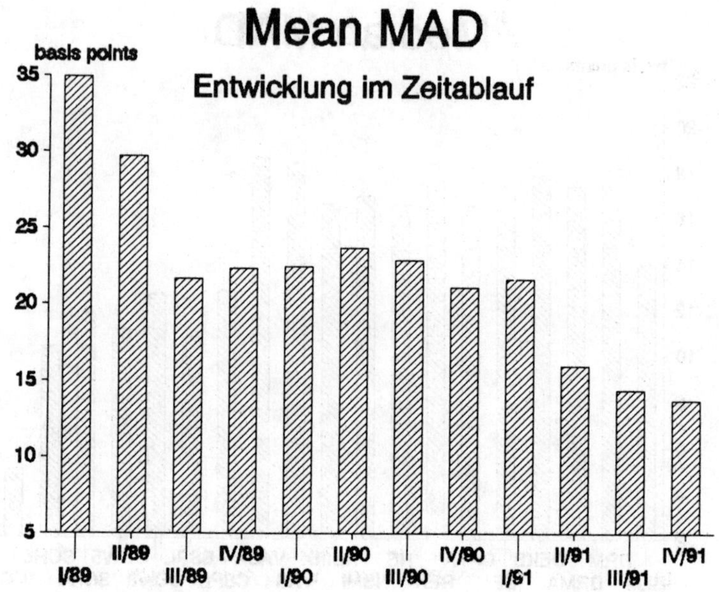

Abbildung 4.7.:

Entwicklung der Mean Absolute Deviations im Zeitablauf (Durchschnitt der MAD über alle Verfahren in Basispunkten).

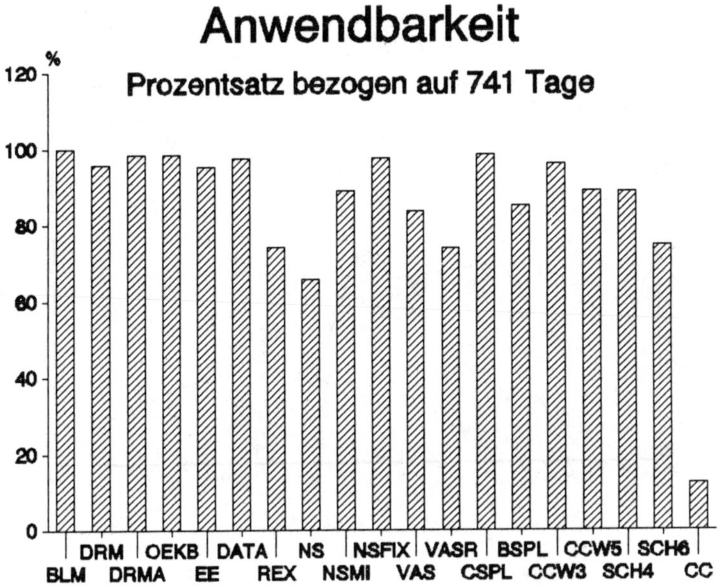

Abbildung 4.8.:

Anteil der Tage, an denen das betreffende Verfahren anwendbar war, in Prozent gemessen an der Gesamtheit von 741 Tagen im Untersuchungszeitraum.

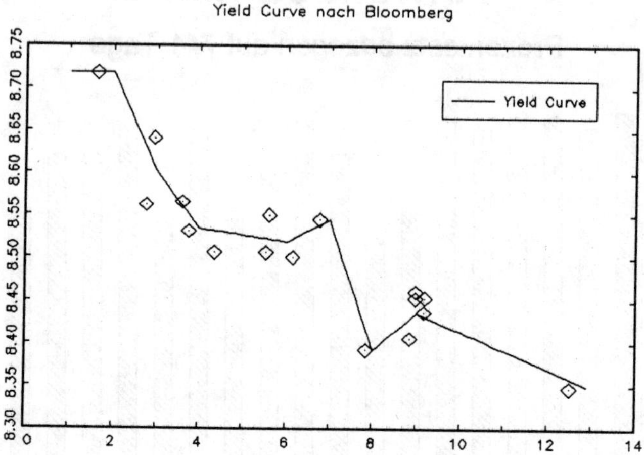

Abbildung 4.9.:

Renditestruktur nach Bloomberg für den 13. März 1991. Die Rauten geben die Effektivverzinsungen der in das Schätzverfahren eingehenden Anleihen genau zur jeweiligen Restlaufzeit an.

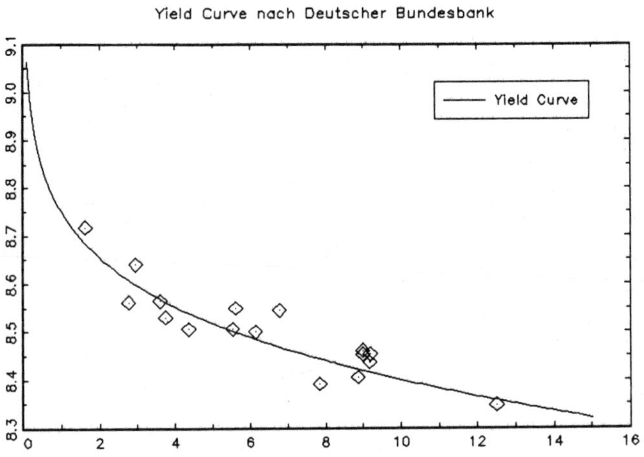

Abbildung 4.10.:

Renditestruktur nach dem Verfahren der Deutschen Bundesbank für den 13. März 1991. Die Rauten geben die Effektivverzinsungen der in das Schätzverfahren eingehenden Anleihen genau zur jeweiligen Restlaufzeit an.

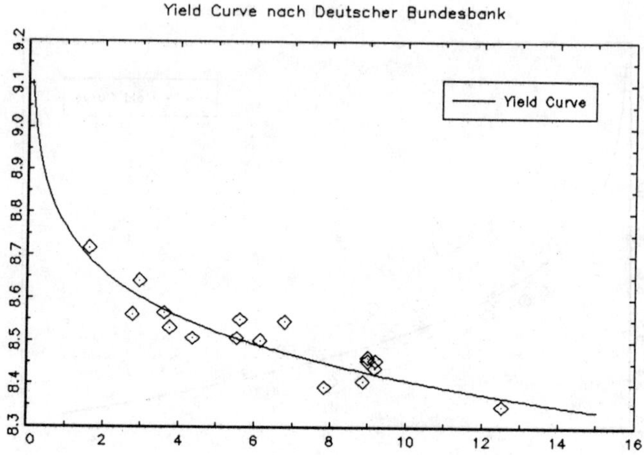

Abbildung 4.11.:

Renditestruktur nach dem Verfahren der Deutschen Bundesbank ohne Berücksichtigung des Kupons für den 13. März 1991. Die Rauten geben die Effektivverzinsungen der in das Schätzverfahren eingehenden Anleihen genau zur jeweiligen Restlaufzeit an.

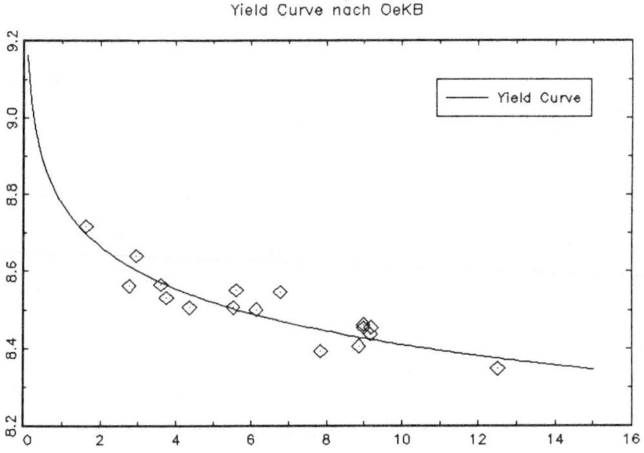

Abbildung 4.12.:

Renditestruktur nach dem Verfahren der Österreichischen Kontrollbank für den 13. März 1991. Die Rauten geben die Effektivverzinsungen der in das Schätzverfahren eingehenden Anleihen genau zur jeweiligen Restlaufzeit an.

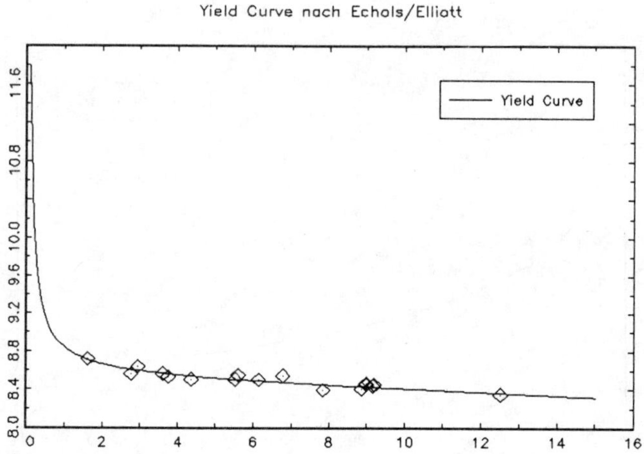

Abbildung 4.13.:

Renditestruktur nach dem Verfahren von Echols und Elliott (1976) für den 13. März 1991. Die Rauten geben die Effektivverzinsungen der in das Schätzverfahren eingehenden Anleihen genau zur jeweiligen Restlaufzeit an.

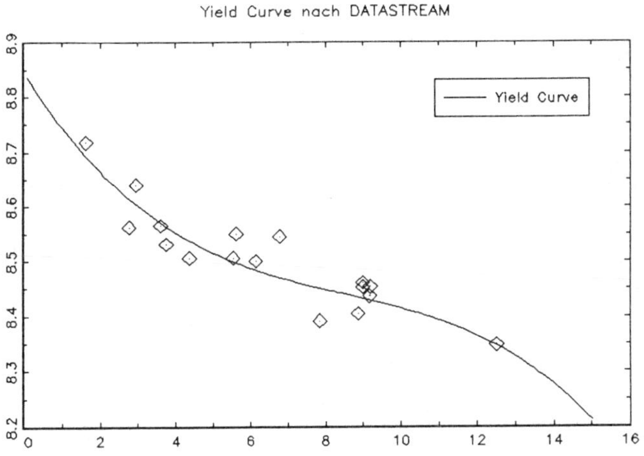

Abbildung 4.14.:

Renditestruktur nach Datastream für den 13. März 1991. Die Rauten geben die Effektivverzinsungen der in das Schätzverfahren eingehenden Anleihen genau zur jeweiligen Restlaufzeit an.

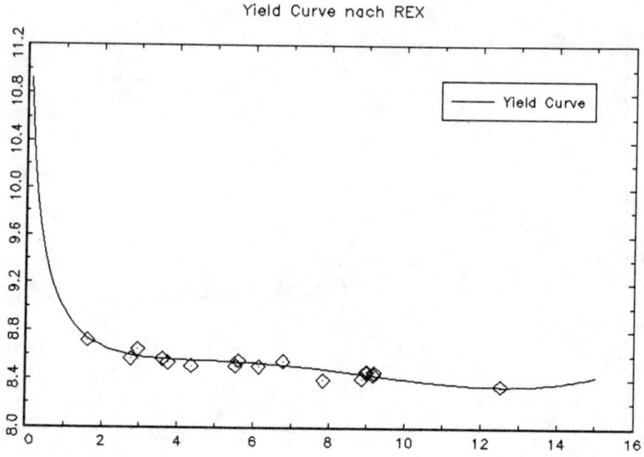

Abbildung 4.15.:

Renditestruktur nach der REX-Methode für den 13. März 1991. Die Rauten geben die Effektivverzinsungen der in das Schätzverfahren eingehenden Anleihen genau zur jeweiligen Restlaufzeit an.

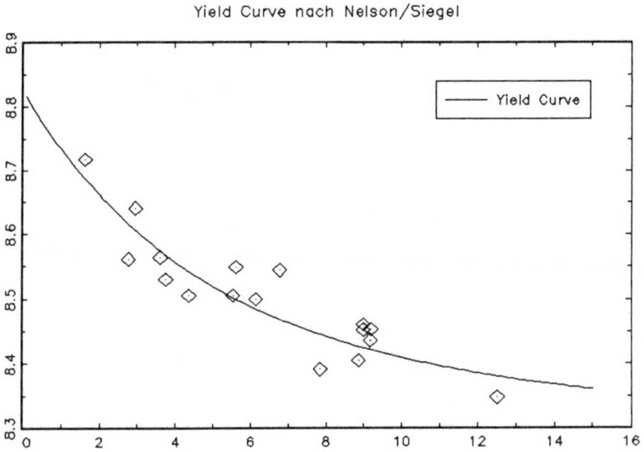

Abbildung 4.16.:

Renditestruktur nach dem Verfahren von Nelson und Siegel (1987) mit Nichtlinearer Optimierung nach der BFGS-Methode für den 13. März 1991. Die Rauten geben die Effektivverzinsungen der in das Schätzverfahren eingehenden Anleihen genau zur jeweiligen Restlaufzeit an.

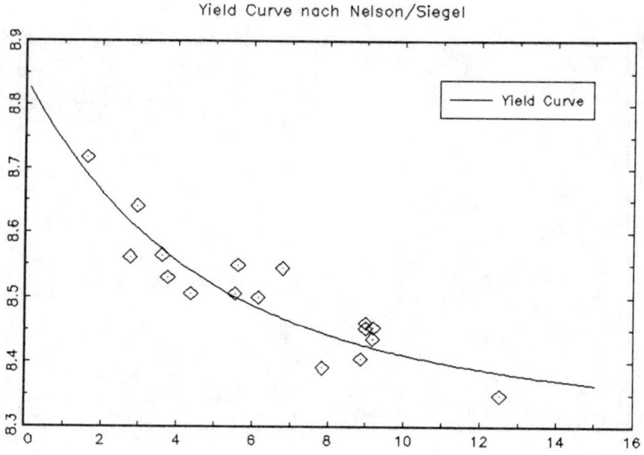

Abbildung 4.17.:

Renditestruktur nach dem Verfahren von Nelson und Siegel (1987) mit grid search für den 13. März 1991. Die Rauten geben die Effektivverzinsungen der in das Schätzverfahren eingehenden Anleihen genau zur jeweiligen Restlaufzeit an.

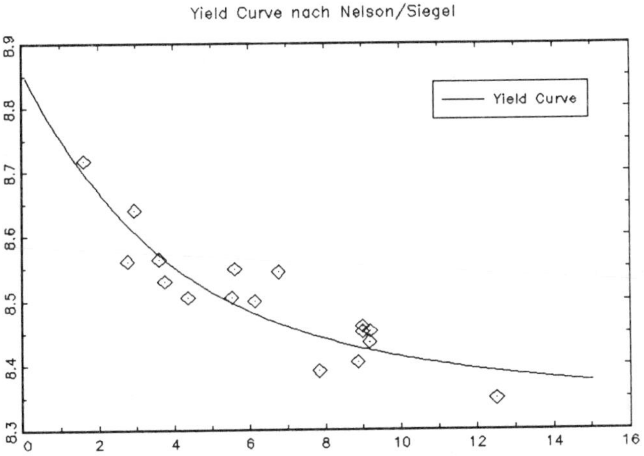

Abbildung 4.18.:

Renditestruktur nach dem Verfahren von Nelson und Siegel (1987) mit einem fixen τ von 1.51 für den 13. März 1991. Die Rauten geben die Effektivverzinsungen der in das Schätzverfahren eingehenden Anleihen genau zur jeweiligen Restlaufzeit an.

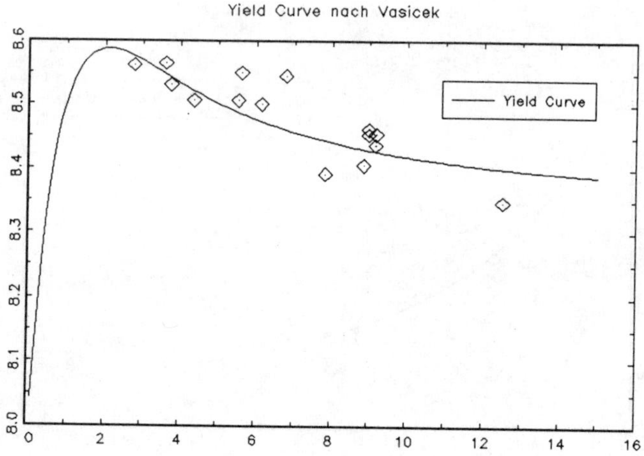

Abbildung 4.19.:

Approximation der Zinsstruktur durch die Renditestruktur nach Vasicek (1977) für den 13. März 1991. Die Rauten geben die Effektivverzinsungen der in das Schätzverfahren eingehenden Anleihen genau zur jeweiligen Restlaufzeit an.

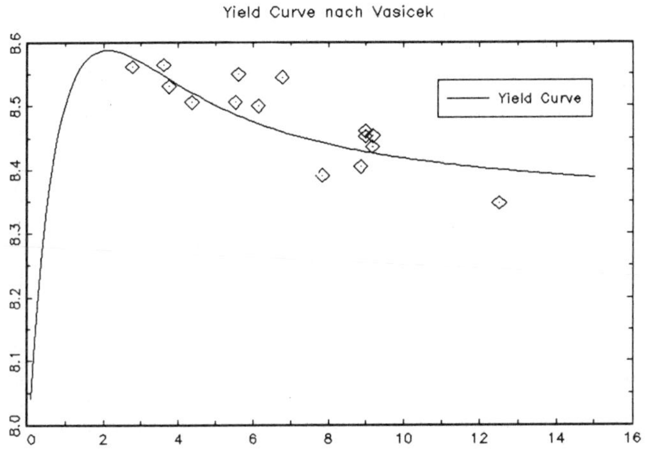

Abbildung 4.20.:

Approximation der Zinsstruktur durch die Renditestruktur nach Vasicek (1977) mit Beschränkung des Varianzparameters für den 13. März 1991. Die Rauten geben die Effektivverzinsungen der in das Schätzverfahren eingehenden Anleihen genau zur jeweiligen Restlaufzeit an.

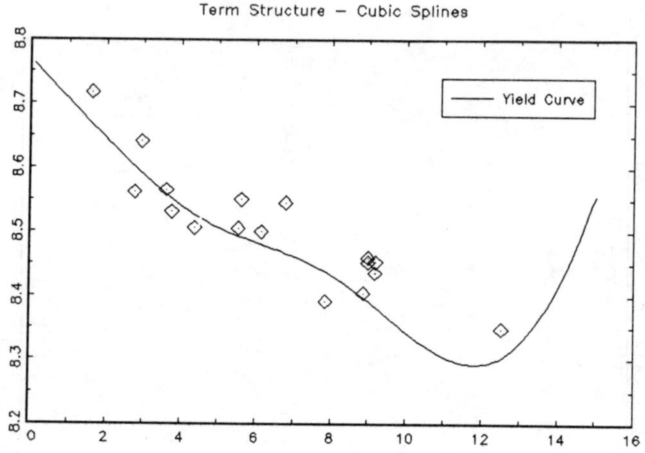

Abbildung 4.21.:

Approximation der Diskontierungsfunktion durch kubische Splines nach McCulloch (1975) für den 13. März 1991. Die Rauten geben die Effektivverzinsungen der in das Schätzverfahren eingehenden Anleihen genau zur jeweiligen Restlaufzeit an.

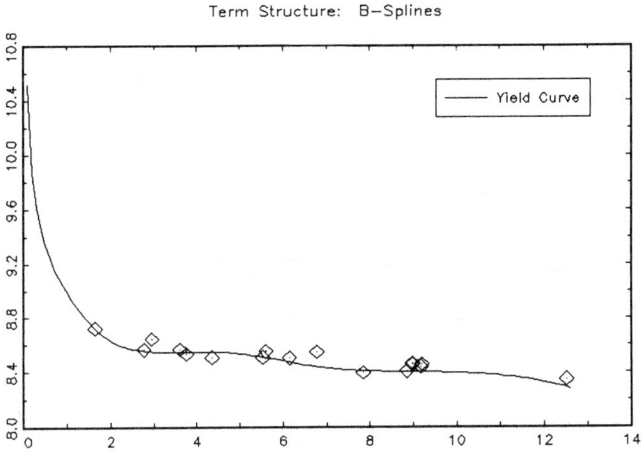

Abbildung 4.22.:

Approximation der Diskontierungsfunktion durch B-Splines für den 13. März 1991. Die Rauten geben die Effektivverzinsungen der in das Schätzverfahren eingehenden Anleihen genau zur jeweiligen Restlaufzeit an.

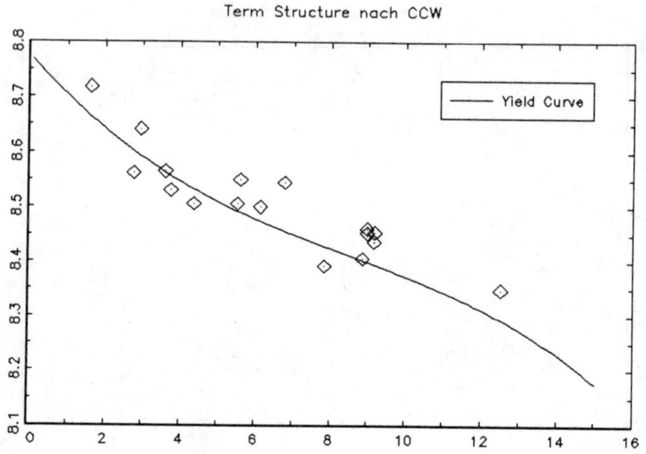

Abbildung 4.23.:

Approximation der Zinsstruktur durch ein Polynom 3. Grades nach Chambers, Carleton und Waldman (1984) für den 13. März 1991. Die Rauten geben die Effektivverzinsungen der in das Schätzverfahren eingehenden Anleihen genau zur jeweiligen Restlaufzeit an.

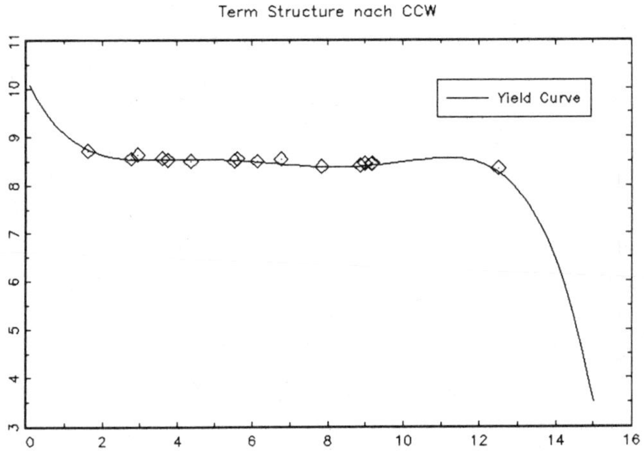

Abbildung 4.24.:

Approximation der Zinsstruktur durch ein Polynom 5. Grades nach Chambers, Carleton und Waldman (1984) für den 13. März 1991. Die Rauten geben die Effektivverzinsungen der in das Schätzverfahren eingehenden Anleihen genau zur jeweiligen Restlaufzeit an.

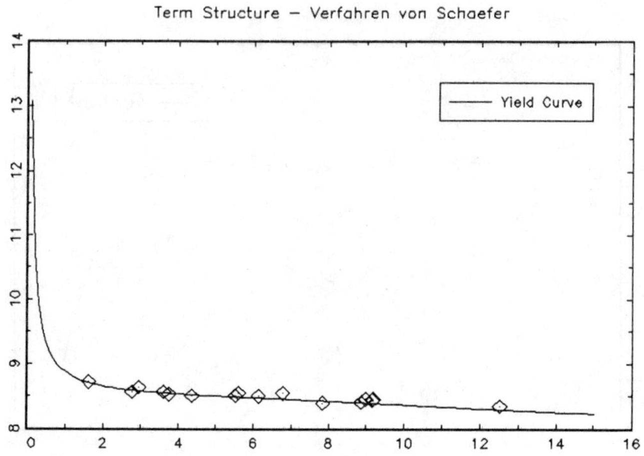

Abbildung 4.25.:

Approximation der Diskontierungsfunktion durch ein Polynom 4. Grades nach Schaefer (1981) für den 13. März 1991. Die Rauten geben die Effektivverzinsungen der in das Schätzverfahren eingehenden Anleihen genau zur jeweiligen Restlaufzeit an.

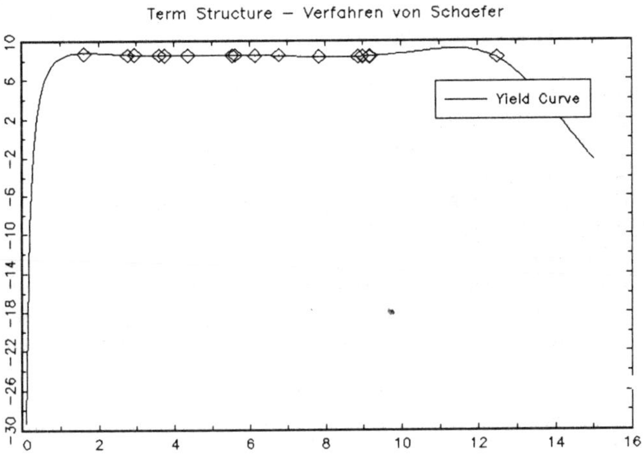

Abbildung 4.26.:

Approximation der Diskontierungsfunktion durch ein Polynom 6. Grades nach Schaefer (1981) für den 13. März 1991. Die Rauten geben die Effektivverzinsungen der in das Schätzverfahren eingehenden Anleihen genau zur jeweiligen Restlaufzeit an.